'묻지마 믿음'
그리고 물음

연세신학문고 3

'묻지마 믿음' 그리고 물음

아주 열심히 믿는 분과
도저히 못 믿겠다는 분을 위하여

정재현 지음

동연

들 어 가 기 전 에

배가 아프다는 사람에게 급한 나머지 감기약을 주면서도 위장약이라고 하면 그 사람은 그 약을 먹고서 속이 편해지기도 합니다. 맞지 않는 약인데 제대로 맞는 약이라고 믿으면 원하는 효과를 봅니다. 잘 아시는 대로 위약효과(placebo effect)라고 하지요. 반대로, 아무리 효과가 탁월한 명약이라도 제대로 나을까 하고 의심하면 원하는 효과를 보지 못하는 의약무효(nocebo effect)도 있답니다. 이야기는 정반대이지만 모두 약 자체의 성능보다도 이에 대한 믿음이 그 효과를 더 크게 좌우한다는 것이지요. 약보다 믿음이 더 큰 힘을 발휘하는 경우도 있다는 것입니다. 어찌 보면 믿음이 가짜를 진짜로 만들기도 하고 진짜를 가짜로 만들어버리기도 하는 것 같습니다.

혹자는 반문할 수도 있습니다. '위약효과라도 효과를 보면 좋은 게 아닌가?'라고 말입니다. '이게 뭐가 문제냐?'라고 항변할 수도 있습니다. 물론 그 자체로 문제라는 것은 아닙니다. '꿩 잡는 게 매'라는 말처럼 원하는 효과를 보면 그건 좋습니다. 그러나 '위약효과가 과연 계속해서 일어날 수 있는가?'라고 묻게 되면 이야기는 매우 달라집니다. 게다가 '설령 계속된다고 해도 과연 좋은가?' 하는 것은 또 다른 문제입니다. 위약효과라는 것이 잠깐 먹히기는 하겠지만 계속해서 효과를 볼 수는 없을뿐더러 맞지 않는 약을 계속 복용하면 결국 더욱 심각한 문제를 일으킬 수밖에 없기 때문입니다.

물론 위약효과가 말해주는 것처럼 급할 때 임시방편의 효과도 통째로 의미가 없는 것은 아닙니다. 연속적으로는 아니더라도 간헐적으로라도 작동한다면 그 의미는 더욱 무시할 수 없습니다. 이처럼 믿음이라는 것이 참으로 오묘한 것임은 분명합니다. 그렇다면 이렇게 오묘한 믿음이 약에만 해당할까요? 나날의 삶에서 이모저모로 작동하는 믿음이 우리 일상에 미치는 영향도 마찬가지일 것입니다. 이것이 종교라고 예외일 수는 없겠지요.

사실 종교에도 이러한 위약효과는 상당한 위력을 발휘합니다. 말의 힘이기도 하지만 좋은 말을 해주면 좋아합니다. 좋은 말 싫다는 사람은 없습니다. 그리고 좋은 말을 해주면 좋아지기도 합니다. 빈말이라도 좋은 말은 그래서 일단 하고 보는 것입니다. 그런데 좋은 말이라고 해도 같은 말이 반복되면 약발이 좀 떨어집니다. 그러기에 약발이 떨어지려고 하면 또 다른 약을 들이댑니다. 내용은 거기서 거기인데 모양새를 살짝 바꾸면 좀 달라 보입니다. 그래서 또 약발이 먹힙니다. 주는 쪽에서 맞는 약이라고 하고 더 좋은 약이라고 하면 받는 쪽에서는 넙죽 받아먹고는 약발이 떨어지려 하면 또 달라고 합니다. 그 약에 대해서 묻는 것은 금기입니다. 맞는 약이라면 좋은 약입니다. 그렇다면 그런 것입니다. 물어서는 안 됩니다. 묻는 순간 약발이 떨어집니다. 효과가 사라집니다. 위약효과라도 보아야 할 터인데 효과가 사라지면 낭패, 아니 두렵습니다. 그래서 묻지 않습니다. 그렇다면 그런 줄 알고 믿고 먹어야 합니다. 믿고 먹으면 낫는다는 선포의 말씀을 따라 믿고 먹습니다. 그런데 바로 그렇기 때문에 약발이 먹힙니다. 믿음의 오묘한 생리 덕분이지요. 그리고 바로 그렇기 때문에 위약효과는 계속해서 위력을 발휘합니다. 이래서 물음은 있을 수 없습니다. 물어서도 안 됩니다. '묻지마 믿음'입니다. '묻지마 믿음'이어야 효과를 보기 때문입니다. 중요한 것은 믿음이 아니라 효과이기 때문입니다.

우리네 일상의 삶은 잠시 먹혀드는 위약효과로 지탱하기에는 훨씬 길고 복잡다단합니다. 그러나 종교로 들어오면 이야기는 달라집니다. 종교의 영역은 단순해야 합니다. 그래야만 약발이 먹히기 때문입니다. 그런데 바로 이 위약효과를 무리하게 지속시키다가 병이 깊어집니다. 이것이 오늘날 종교들의 모습입니다. 그리스도교라고 예외가 아닙니다. 예외가 아닌 정도가 아니라 아마 선두에 서 있을지도 모릅니다. 누군가 '종교는 민중의 아편'이라고 했는데 바로 이것을 두고 한 말이었을 것입니다. 위약효과 정도가 아니라 아편중독이라고까지 진단이 나왔는데도 아직도 이런 진단을 외면하고 '묻지마 믿음'을 외치는 종교중독증을 치료하기 위해서라도 '묻지마 믿음'을 물어야 합니다.

그런가 하면 위약효과의 논리를 따라 종교의 유용성을 말하는 사람들이 있습니다. 그들은 종교가 가르치는 것의 진위

여부는 덮어놓고 보험 드는 셈 치고 일단 믿어보라고 합니다. '천당이 있으면 죽은 후에 갈 수 있으니 좋고, 없다면 밑져야 본전이니 괜찮다'는 것입니다. 거꾸로 '지옥이 있다면 어떻게 할 것인가?' 하는 협박과 함께 말입니다. 그런데 요즘은 이마저도 약발이 먹히지 않는 시대가 되고 있습니다. 종교를 반대하는 입장과는 달리 아예 어떤 종교에 대해서도 관심이 없고 종교라는 것에 대해 도대체 어떤 의미도 부여하지 않는 무종교인들이 어떤 다른 종교인들보다도 가장 빠른 속도로 늘어나고 있다고 합니다. 인간에게는 특정 종교를 갖든지 그렇지 않든지 상관없이 죽음의 한계에 대한 의식에서 그 한계를 넘으려는 성정이 불가피하게 있을 수밖에 없는데 이를 일컬어 훗날 '종교성'이라 했습니다. 그리고 이런 이유로 인간을 '종교적 인간'이라고 했습니다. 그러나 이제 무종교인들은 '종교적 인간'이기를 거부합니다. 그들은 거품을 물고 말합니다. '천당 가고 싶으면 너나 열심히 믿고 잘 가라!', '난 이렇게 살다 죽을 테니 날 내버려 둬!' 이런 외마디 앞에 종교의 유용성 이야기는 아주 무력합니다. 그래도 종교에 대해 거품 물고 반대하는 사람들은 차라리 진한 가능성을 지니고 있습니다. 그러나 종교에 대해 아예 무관심하고 종교의 의미를 그냥 부정해버리는 경우에는 이야기가 간단하지 않습니다. 돌이켜보면 아주 열심히 믿는 사람들이 '묻지마 믿음'을 내세운 것이 무종교인들로 하여금 더욱 관심 없게 만드는데 일조했는지도 모릅니다. '묻지마 믿음'에 대해서 물어야 하는 까닭이 여기에 있는 것입니다.

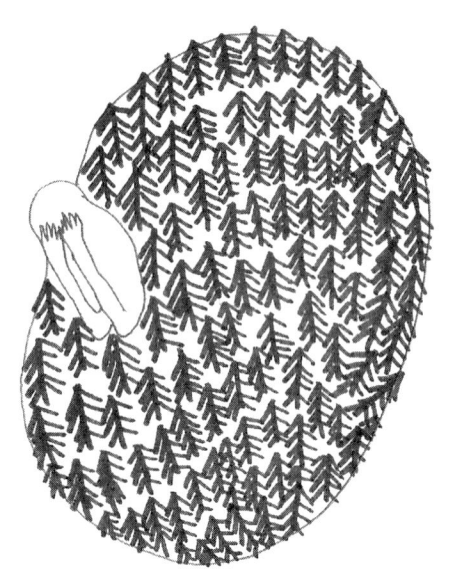

　　　　　　＊　＊　＊

　사는 것이 재미있으신가요? 뭘 하면서 사시나요? 아니 왜 사시나요? 이렇게 물으면 여러 가지로 대답하지만 결국 태어났기 때문에 사는 것이고 살고 있기 때문에 산다는 말로 추려집니다. 혹 다른 대답을 주장할 수도 있겠지만 그 역시 껍질을 벗기면 이렇게 되고 말 것입니다. 말하자면 삶에는 삶 이외의 다른 이유도, 목적도 없습니다. 그래서 '이유 없는 삶(Leben ohne Warum)'이라고 합니다. 삶이 삶 자체의 이유이고 목적이라는 것이지요.

　그런 삶을 무엇이라고 규정하고 그렇게 살아야 한다고 생각했던 때가 있었습니다. 꽤 오랫동안! 그러다가 세월이 흘러 사람들의 수가 불어나면서 이전에 겪지 못했던 문제들을 맞닥뜨리게 되었고 이런 과정을 거치면서 삶에 대한 생각들, 아니 살아가는 방식들이 점차로 달라졌습니다. 오래전 씨족사회와 부족사회 시대에는 그야말로 그 동네 안에서 삶과 죽음이 모두 이루어졌지요. 족장이 제주가 되는 것도 당연했고요. 그러다가 도시국가를 이루고 제국을 형성하게 되면서 등장한 전제군주체제가 고대와 중세라는 긴 세월을 지배했는데, 이때 사람들은 군주의 명령에 따라 살도록 요구받았습니다. 물론 싫기도 했을 것이고 꽤 고생도 했겠지만 시키는 대로 하면서 살면 되었기도 했습니다. 그러다가 세상이 꽤 많이 변합니다. 새로운 시대인 근세가 열리게 된 것이지요. 땅을 가진 주인집 자식으로 태어나는 것과 소작인의 자식으로 태어나는 것이 어찌해도 바꾸어볼 수 없는 운명이었던 전제군주체제와 영주체제를 뒤로 하고 이 시대에는 작은 땅에서도 기계를 만들어 대량생산을 하게 되면서 시민사회가 형성됩니다. 그런데 이 시민이라는 것도 사실 당대의 엘리트를 중심으로 한 것이었으니 과연 근세의 인간중심주의가 거만할 수밖에 없었으면서도 동시에 몰락할 수밖에 없었던 소인(素因)을 지닌 시대였습니다. 인간을 행복하게 해줄 줄 알았던 인간중심주의가 실상 인간을 소외와 허무의 나락으로 내동댕이쳤으니까 말이지요. 결국 근세는 그렇게 마감됩니다. 근세 시민의 엘리트주의에 대한 항거라고나 할까, 급기야 우리의 시대인 현대는 이제 대중의 소리가 드높아진 새로운 시대로 가고 있습니다.

  살아가는 모습이 변하게 되는 것은 당연하고도 불가피하

겠지요. 전제군주체제에서 시민사회를 거쳐 대중사회로까지 오게 된 변화과정은 단순히 정치-경제 체제의 변화만은 아니니까요. 사람들이 살아가는 모습뿐 아니라 생각하는 방식까지도 달라진 것은 물론입니다. 그 옛날에는 군주가 시키는 대로 하면 되었으니 누구에게나 같은 하나의 길이 요구되었지만, 근세 시민사회로 넘어가면서 시민들의 다양한 의견들이 엘리트 계급에 의해 취합되는 과정을 필요로 했겠지요. 그러나 오늘날에는 대중의 소리, 나아가 민중의 아우성까지 터져 나오는 현실에서 한데 묶이기 어려운 서로 다른 목소리들이 저마다의 뜻을 뿜어내고 있어서 혼란스럽기까지 합니다.

종교라고 다를 것이 없었습니다. 신화시대나 그 이전의 종교와 학문이 출현한 이후의 종교는 꽤 다를 수밖에 없었습니다. 너무 먼 이야기까지 거슬러 올라갈 필요도 없이 그리스도교가 출현한 시대만 살펴보더라도 그때와 지금 사이에는 엄청난 거리가 있습니다. 그런데 사람들이 이렇게 변화하는 시대에 따라 사고방식과 생활양식의 변천을 함께 겪어가면서도 종교만큼은 불변부동이라고 생각하는 묘한 착각을 꽤 길게 해왔습니다. 엄연한 사상과 문화의 변천과정에도 불구하고 말입니다. 그런데 바로 이런 거리가 바로 인간과 종교를 따로 떼어 놓게 만들었고 삶과 믿음을 따로 놀게 만들었던 원흉일 수도 있다는 의심을 하게 된 것은 그리 오래된 일이 아닙니다. 그래서 이걸 살피려는 생각들이 일어나게 되었습니다. 그리고 그러한 생각들이 우리 스스로를 홀연히 되돌아보게 했습니다. 여기서 읊조리는 이야기는 그러한 생각들 중에 한 조각을 엮어본 것입니다. 앞서 말한 '묻지마 믿음'을 묻는 방식으로 말입니다.

* * *

저의 이야기를 어떤 방식으로 엮었는가에 대해 미리 간단하게 말씀드립니다. 들어가기 전에 이 정도의 윤곽을 잡아놓는 것이 숲과 나무를 함께 살필 수 있는 길이라고 생각하기 때문입니다. 우선 모든 것에 앞서 저의 이야기는 인간 즉 우리 자신에 대해서부터 시작합니다. 자고로 어떤 이야기이든 자기 자신에 대한 주제파악이 먼저 깔려야 영점 조준은 못 하더라도 최소한의 좌표를 그릴 수 있을 것이기 때문입니다. 그래서 인간에 대한 이야기로 시작합니다. 그런데 인간이라고 해도 막연할 수밖에 없으니 우리가 여기서 관심을 갖는 종교와 관련된 인간 이해를 출발점으로 삼으려고 합니다. 자연스럽게 인간과 종교의 관계를 기본적인 틀로 잡게 됩니다. 그러면서 우리는 이내 '종교적 인간'이라는 아주 익숙한 정의에 이르게 됩니다. 그 표현이 익숙하기는 하지만 그 뜻까지 그런 것 같지는 않습니다. 그래서 이를 좀 곱씹어보려고 합니다.

그리고 나서는 다소 범위가 커서 추상적으로 들릴 수도 있는 '인간과 종교의 관계'를 좀 더 직접적으로 파헤치기 위해 개별적인 차원으로 접근하려고 합니다. '인간과 종교'를 '사람과 믿음'이라는 좀 더 구체적이고 개별적인 영역으로 좁히면서 결국 '묻지마 믿음'을 묻는 신앙성찰의 필요성을 말하게 될 것입니다.

그런 다음에는 본격적으로 믿음에 대한 물음의 이야기를 전개합니다. 물론 물음이니 자연스럽게 의문사들이 동원될 것입니다. 명실공이 여섯 개의 의문사를 나름대로 순서에 따라 풀어갈 것이니 그 순서는 다음과 같습니다. 먼저 '무엇'에서 시작합니다. 그런데 이도 자연히 두 갈래로 나뉩니다. 믿음과 무엇을 묶으면 그렇게 되기 때문입니다. '무엇을 믿는가?'라는 물음과 '믿는다는 것은 무엇인가?'라는 물음 말입니다. 이 물음들은 각각 믿음의 대상과 정체에 관한 것입니다. 그렇게 살폈으니 당연하게도 이어서 그 근거를 묻게 됩니다. 그래서 묻습니다. '왜 믿는가?' 그런데 '왜'라는 물음은 지금까지의 이야기를 뒤흔드는 것처럼 보입니다. 뿌리 물음이다보니 그렇기도 할 것입니다. 그래서 뿌리에서 다시 묻습니다. 현실적인 의미의 가닥을 추리기 위해서지요. 이제 뿌리에서 뻗어 나아갑니다. 그 다음 물음으로 말입니다. '어떻게 믿는가 그리고 어떻게 믿어야 하는가?'가 바로 다음 물음입니다. 이렇게 되면 기본적으로 세 가닥의 물음이 엮어집니다. 그런데 남아 있는 세 개의 의문사가 가만히 있을 리가 없습니다. 당연히 '왜'가 끌고 나오는 물음들이기 때문이지요. 그래서 묻습니다. '누가 믿는가?' 그리고는 이 '누가'를 이루고 있는 '언제'와 '어디서'를 함께 묻게 됩니다. '언제/어디서 믿는가?' 이로써 '묻지마 믿음'에 대한 물음은 일단락 맺게 됩니다. 그리고 마지막은 이와 같은 모든 물음의 뜻을 되새기는 것으로 마쳐야겠지요. 목차는 이런 흐름을 따라 엮어집니다.

이 책은 같이 몸담고 있는 연세대학교 신과대학과 연합신학대학원의 교수들이 각 분야에서 함께 기획하여 내는 문고 중의 하나입니다. 문고의 구성에 누가 될까 염려되지만 '묻지 마 믿음'에 대해 애써 물어야 하는 뜻만 생각하면서 편집에 끼어들었습니다. 수년 전 펴냈던 《자유가 너희를 진리하게 하리라》라는 저의 책에 수록된 단상 열여섯 꼭지 중 하나('믿는다는 것은 그렇게 산다는 것')를 뽑아 이를 물꼬삼아 세 배 분량의 학술논문으로 만들어 《교수불자연합학회지》에 발표한 적이 있었습니다. 그런데 이제 그 논문을 또 다시 잡아 늘려 여기에 작은 책으로 꾸몄습니다. 물음의 배경과 전개과정에 대한 상세한 해설을 곁들이고 더욱이 다루지 않았던 나머지 세 개의 물음을 새롭게 포함하여 분량으로 보면 여섯 배 이상 늘어났으니 단순 복제는 물론 아니고요, 성찰의 밀도를 더해가는 과정으로 보아주셔도 좋겠습니다. 언제나 그러하듯이 내놓으려 하면 이것저것 떠오르지만 어느 선에서든 멈추어야 하기에 결국 마감시간이 결정해줍니다. 마지막에 '나가면서'에서는 저의 이야기를 읽고 그 느낌을 읊조릴 것을 강요(?)받은 동지들의 감상문으로 대신했습니다. 제 이야기를 더 하는 것보다

그편이 더 나으리라 생각했기 때문입니다. 더불어 사는 삶 그리고 바로 이 삶에서 일구어가는 믿음의 뜻을 함께 나눌 수 있기를 바랄 뿐입니다.

2014년 겨울

연세대학교 신학관 연구실에서

정　재　현

차 례

들어가기 전에 | 5

들어가면서: 본디 '종교적 인간', 그런데 인간과 종교의 관계는? | 21

0. 사람과 믿음: '묻지마 믿음'을 묻기 위하여 | 29
1. 무엇을 믿는가? | 39
2. '믿는다'는 것은 무엇인가? | 75
3. 왜 믿는가? | 105
4. 어떻게 믿어야 하는가? | 123
5. 누가 믿는가? | 159
6. 언제/어디서 믿는가? | 187

나가면서: '묻지마 믿음'에 대한 물음의 뜻 | 215

들어가면서

본디 '종교적 인간', 그런데 인간과 종교의 관계는?

　종교란 무엇인가요? 물어 마땅한 물음이지만 대답이 그리 간단하지는 않습니다. 게다가 '종교란 무엇인가?'라는 물음에 앞서 '인간이란 무엇인가?'를 물어야 오히려 앞선 물음에 대한 대답의 실마리를 찾을 수 있다는 통찰도 주목해 마땅합니다. 종교의 연원이 죽음을 넘어서려는 인간의 생존본능과 떼어놓을 수 없으니 죽음이 없었다면 종교도 없었을 것이기 때문입니다. 왜냐고요? 생각해보십시오. 포유류 동물들만 놓고 봅시다. 짐승들은 대체로 네 발로 기어 다닙니다. 그러나 인간은 두 발로 걸어 다닙니다. 그래서 이를 구별하여 '직립인간(homo erectus)'이라고 합니다. 그런데 네 발과 두 발 사이의 차이는 단순히 발의 개수가 아닙니다. 발의 수로 보면 짐승들이 인간보다 두 배나 많지만 네 발로 기는 짐승은 기껏해야 앞만 볼 수 있는 데 비해 두 발로 서는 인간은 위를 쳐다볼 수 있습니다. 서지 않으면 볼 수 없는 위 말입니다. 이게 어떤 차이일까요?

　네 발 짐승은 배부르도록 먹고 나면 더 싱싱하고 토실토실한 것이 지나가도 건드리지 않습니다. 그러나 두 발로 선 인간은 내일 먹을 것, 자식이 먹을 것을 위해 모아두고 쌓아두는데 이게 한이 없습니다. 말하자면 네 발 짐승에게는 한계 안에 머무르는 본능이 전부라면, 두 발로 서는 직립인간에게는 본능의 경계 너머 저편의 욕망이 심겨진 것입니다. 앞을 넘어 위를 보기 때문입니다. 본능은 유한하여 만족을 알지만 욕망은 무한하기 때문에 어느 순간에도 만족을 모릅니다. 이렇게 인간은 욕망으로부터 무한을 배우게 되었고 나아가 이를 갈구하게 되었습니다. 비록 무한자가 될 수는 없다고 하더라도, 아니 무한의 경지에 이르지는 못한다고 하더라도 이를 향하고자 하는 열망만큼은 어떤 것보다 강하게 되었습니다. 결국 인간은 유한한 본능의 만족으로 사는 짐승의 죽음과는 사뭇 다른 죽음을 맞게 되었습니다. 죽음이 그저 유한한 본능처럼 자연스럽고 당연한 것으로 받아들여지기보다는 욕망으로부터 배운 무한 때문에 넘어서야 할 것으로 간주되었던 것입니다. 이때 겪을 수밖에 없는 죽음에서 절정에 이르는 '한계에 대한 체험'과 새로 욕망을 통해 힐끗이라도 보게 된 한계 너머 저편의 '무한에 대한 동경'이 한데 얽히게 되었습니다. 그도 그럴 것이 무한을 알지 못했다면 한계에 대한 느낌도 이렇다 하게 일어나지 않았을 것이기 때문입니다. 이리하여 이들이 서로 얽히니 이제 인간은 죽을 수밖에 없음에도 불구하고 죽음 너머 저편을 바라보고자 하는 성정을 지니게 되었습니다. 그러한 성정을 나중에 '종교성'이라 부르게 되었으니 이제 인간은 '종교적 인간(homo religiosus)'이 된 것입니다. 결국 죽음이 종교의 근원은 아니라 하더라도 태동계기가 된 것이지요. 여기서 '한계에 대한 체험'이 유한성 의식이라면 '무한에 대한 동경'은 초월지향성으로 추릴 수 있을 터입니다. 그런데 한계 안의 '유한'과 한계 너머의 '초월'이 서로 반대임에도 불구하고 유한성 의식과 초월지향성은 온전히 같은 뜻이 됩니다. '종교적 인간'은 이렇게 정반대가 같은 하나가 되는 오묘한 역설적인 꼴입니다.

여기서 짚고 넘어가야 할 것이 있습니다. 그것은 바로 직립

인간이 종교적 인간의 원형적인 계기라는 것입니다. 즉 두 발로 서는 직립인간의 물리적·생물적 구조가 인간으로 하여금 한계 너머의 무한을 동경하는 종교적 인간이 되게 한 중요한 계기라는 것입니다. 다시 말해서 물질적인 차원이 정신적, 나아가 영적인 차원과 떼려야 뗄 수 없을 뿐 아니라 오히려 그 근본 동인이기도 하다는 것입니다. 물론 천박한 물질주의를 말하려는 것은 전혀 아닙니다. 다만 흔히 생각하는 것처럼 물질과 정신, 육체와 영혼을 따로 떼어놓고 볼 일이 도무지 아니라는 오늘날의 외침들이 이토록 유구한 증거들을 지니고 있는, 그래서 결코 새삼스러울 것이 없는 당연한 이야기일 뿐이라는 것입니다. 시작부터 장황설이 되었지만 결국 하고 싶은 이야기는 인간의 생겨먹은 꼴이 그렇게 살게 하였고 그렇게 믿게 만들었으니 자연의 원리 또는 창조의 섭리를 이런 맥락에서 크게 보아야 할 것이라는 말입니다.

이제 인간은 그렇게 해서 '종교적 인간'입니다. 이것은 한 인간이 구체적인 종교를 개별적으로 가지는가의 여부와는 전혀 별개의 것입니다. 오히려 역사에서 일어났다 사라진 종교들을 포함하여 지금도 펼쳐지고 있는 많은 종교들은 '종교적 인간'의 종교성에서 비롯된 것일 따름입니다. 역사상의 무수한 종교들이 모양을 갖추기 이전에 이미 사람들이 오늘날 우리가 '종교적'이라고 부르는 삶을 살았습니다. 말하자면, '종교적 인간'이라는 것은 사람이 이미 그 자신을 넘어서 무엇인가를 구하도록 생겨먹었다는 것을 가리킵니다. 물론 이도 삶의 자리에 따라 '믿음'과 '깨달음'으로 그 모양새를 달리 하기도 하니 전통과 문화의 다양한 꼴들은 그 좋은 증거가 됩니다. 신을 말하는 유대교-그리스도교-이슬람교와 같은 사막 종교가 '믿음'을 구한다면 힌두교-불교 등과 같은 초원 종교는 '깨달음'을 구하는 것으로 비교되곤 합니다.

그렇다면 도대체 왜 인간은 그렇게 생겨먹었을까요? 도대체 사람은 그 무엇인가를 왜 구하는가요? 그리스도교의 입장에서 묻는다면, 믿음이라는 것이 도대체 무엇이기에 사람이 이미 그렇게 생겨먹었다는 것인가요? 이 물음은 '인간과 종교'의 관계를 향하는 물음입니다. 물론 이미 '종교적 인간'이라는 규정이 이 둘의 관계를 간단하게 보여주는 듯하지만 단순히 그렇게만 보고 말 일은 아닙니다. 왜 그럴까요? 이는 인간과 종교가 서로 뒤얽혀 있기 때문입니다. 우선 종교는 인간에게 해방을 주려고 합니다. 그리스도교에서 말하는 '구원'이나 불교가 가리키는 '해탈'도 중립적으로 표현하면 '해방'이라고 새길 수 있을 것입니다. 하지만 인간은 구체적인 현실에서 종교로부터 오히려 억압과 강박을 받는 경우가 더욱 많습니다. 크게 보아 무수한 전쟁들이 종교를 뿌리로 하고 있다는 것도 좋은 예가 될 것입니다. 개인 단위에서도 종교적 관념이 강박으로 작용하는 사례들을 부지기수로 볼 수 있습니다. 오죽하면 어떤 정신분석학자가 '종교는 신경강박증'이라고 했겠습니까? 말하자면 종교는 인간에게 해방을 제공하고자 하는 반면에, 인간은 종교로부터 억압과 강박을 받습니다. 그렇다면 이것은 또 왜 그렇겠습니까?

그 이유는 이렇게 더듬어볼 수 있을 것 같습니다. 종교는, 특히 고등종교는 인간에게 욕망을 버리라고 가르칩니다. 그 길이 해방의 길이라는 것이지요. 물론 과도한 금욕주의를 말하는 것은 아닙니다. 금욕주의를 지나치게 강조하면 오히려 인간을 억압하는 비인간주의로 빠지게 됩니다. 자발적 고행까지 일삼았던 수도 행태에서 이런 역사적 예들을 볼 수도 있지요. 그러나 고등종교가 가르치는 욕망 버리기는 오히려 이를 통한 해방의 길을 여는 데에 그 뜻이 있습니다. 그럼에도 불구하고 인간은 종교 안에서 인류 최대의 욕망을 이루고자 꿈을 꿉니다. 죽음을 넘어서려는 욕망 말입니다. 말하자면 인간과 종교가 욕망을 사이에 두고 밀고 당기기를 하고 있습니다. 바로 이런 이유로 인간과 종교가 해방과 억압의 모순을 주고받게 되는 것이 아닌가 싶습니다. 그러기에 인간과 종교의 관계는 단순하지 않습니다. 이처럼 복잡다단하게 얽혀 있는 것을 마치 아무 것도 아닌 양 단순한 것으로 취급하면 우리는 이로부터 비롯되는 무수한 문제들을 풀 실마리를 찾을 길이 없게 됩니다. 이 관계를 살펴야 하는 이유가 바로 여기에 있습니다. 말하자면 종교라 해서 그냥 밑도 끝도 없이 절대로 군림하는 것이 아니라 그만한 연유로 인간과 얽혀 태동하고 변화하고 흥망성쇠, 생성소멸을 겪어오고 있다는 것입니다. 바로 이 점을 주목해야만 이와 얽힌 문제들을 진단하고 처방할 수 있게 될 것입니다. 그렇지 않으면 인간을 제치고 종교에만 주목함으로써 오히려 종교의 존재 이유에 반하는 반인간적 종교주의로 빠질 수밖에 없을 것입니다. 믿음을 물어야 하는 이유가 바로 이것입니다.

0

사람과 믿음: '묻지마 믿음'을 묻기 위하여

이제 '인간과 종교' 사이에 복잡하게 엉킨 실타래를 풀고 이를 통해 믿음을 되돌아보기 위해 그 관계를 좀 더 구체적으로 새길 수 있는 '사람과 믿음'으로 바꾸어보겠습니다. '종교'와 '믿음'이 꼭 같은 말은 아니지만 이렇게 새김으로써 이야기를 좀 더 쉽게 풀어갈 수 있을 것이기 때문입니다. 그래서 이제 '사람과 믿음'입니다. 그리고 다시 묻습니다. 다시 묻건대, 왜 사람은 무엇인가를 믿는 걸까요? 이런 물음을 새삼스럽지만 되묻지 않으면 우리는 이미 그렇게 생겨먹은 대로 살면서 믿는 것을 대단하고 심지어 거룩한 것인 양 착각하게 됩니다. 게다가 문제는 이게 단순히 착각에만 머무르지 않는다는 데 있습니다. 믿음과 얽힌 착각은 곧 자기를 절대화하고 심지어 신격화하려는 생리를 지니고 있기 때문입니다. 다시 말하면 이미 그렇게 생겨먹었기 때문에 이를 되돌아보지 않으면, 그렇게 생겨먹은 줄도 모르고 그 무엇인가를 믿고 있는 자기 자신의 틀을 더욱 확고하게 다지게 됩니다. 그리고 결국 자기 자신이 무엇인가를 믿고 있다는 사실을 붙들고 늘어지게 됩니다. 즉 자기의 믿음을 믿게 되는데, 자기의 믿음이란 곧 자기 자신이니 결국 자기 자신을 믿게 되는 것입니다. 이러한 자기 신앙이 자기 구원으로 이어지는 것은 두말할 나위도 없습니다. 따라서 최소한 이런 자가당착으로부터 벗어나려면 믿음에 대해서 되돌아보는 것은 하면 좋고 안 해도 그만인 것이 결코 아닙니다.

그런데 '사람과 믿음'을 이으면서 나올 수밖에 없는 이런 요구, 즉 그렇게 생겨먹어서 믿게 되었으니 어떤 구조가 작동하고 있는지를 살펴보아야 한다는 것에 대해 적지 않은 이견들이 있습니다. 누군가는 자고로 믿음이라는 것은 추호의 의심도 없는 확실한 믿음 즉 '확신'을 향해 가야 마땅하다고 생각하기 때문입니다. 그리고 그러려면 오직 앞을 향하여 전진해야 하고, 위를 향하여 상승해야 한다는 것입니다. 이것이 믿음의 마땅한 방향인데 믿음에 대해 되돌아보아서야 되겠는가라는 것입니다. 믿음을 되돌아보는 것은 의심이나 회의를 일으킬 수도 있으니 오히려 믿음에 대해 적절하지 않다는 생각 때문이지요. 그래서 믿음에 대해서는 물음이 허락되지 않습니다. '묻지마 믿음'입니다. '확신'이니 되돌아볼 필요도 물을 이유도 없지만 그래서도 안 됩니다. '묻지마 믿음'일수록 잘 믿는 믿음이고 칭송받는 믿음이며 믿음의 본이라는 것입니다. 그러나 그런 이유로 사람이 생겨먹은 꼴이 믿음과 관련하여 움직이는 길에 대해 되돌아보지 않으면, 믿음이 이르러야 할 '확신'은 사실상 자기 안에서의 '강박'에 사로잡히고 타인과의 관계에서는 '독단'에 빠질 수밖에 없습니다. 스스로는 여전히 확신이라고 착각하겠지만 말입니다.

  그래서 믿음에 대해서 되돌아보아야 합니다. 어떻게 우리의 믿음을 되돌아볼 수 있을까요? 앞서 여러 번 말했지만 우리 믿음에 대해서 물음을 묻는 것도 좋은 방법입니다. 그런데 믿음에 대해서 묻게 되면 이것이 또 의심이나 회의를 거쳐 불신앙에 빠지지 않을까 하는 염려를 하게 됩니다. 그래서인지 그리스도교 안에서는 물음이라는 것이 거의 없었습니다. 물음을 묻기 전에 이미 많은 대답들이 기라성같이 등장해 있었으니 물음을 물을 겨를이 없기도 했지만 물음을 물을 필요도 없는 것처럼, 나아가 물어서는 안 될 것처럼 느껴지게 하기도 합니다. 돌이켜보면 그동안 그리스도교는 물음표를 거부하고 마침표 그리고 더욱 빈번하게는 느낌표를 남용해왔습니다.

물론 이런 이야기에 대해 반박할 생각이 들 수도 있습니다. 예를 들면, '종교에 처음 들어오는 사람에게 교육할 때 가장 많이 사용되는 교리학습에서 수많은 물음과 대답이 사용되고 세례 받을 때 거치는 교리문답도 있는데 그리스도교 안에 물음이 없다고 할 수 있는가?'라고 반문할 수도 있습니다. 그러나 생각해보십시오. 물음과 대답은 순서가 있습니다. 당연하게도 일상생활에서는 물음이 먼저이지요. 그리고 이에 대한 대답이 시도됩니다. 그런데 교리문답을 보면 이야기가 매우 달라집니다. 교리문답에서는 물음과 대답 중 무엇이 먼저이던가요? 여러 말 할 것 없이 여기서는 대답이 먼저입니다. 물음은 대답에 맞추어 그러한 대답을 받아내기 위해 만들어진 것입니다. 겉보기에는 물음이 먼저이지만 실상은 대답이 먼저입니다. 그렇다면 이것을 과연 물음이라고 할 수 있겠습니까? 이렇게 대답이 먼저인 것이야말로 물음이 없다는, 아니 물음이 허락되지 않는다는 좋은 증거입니다. 이처럼 그리스도교 안에서는 물음이 억눌려져 왔습니다. 물론 태동 동기에서는 전혀 그렇지 않았는데 후대의 역사에서 이런 왜곡과 망각이 벌어졌던 것이지요.

이래서 우리는 물어야 합니다. 새삼스럽게 믿음에 대해서 물어야 합니다. '묻지마 믿음'이 강조되고 칭송되어온 역사를 떠올린다면 믿음에 대한 물음은 더욱 절실합니다. 그렇다면 어떻게 믿음에 대해서 물을 수 있을까요? 물음은 당연히 의문사들을 사용하게 됩니다. 당연하게도 육하원칙을 이루는 여섯 개의 의문사가 물음을 이루는 기본적인 뼈대입니다. 어떤 사물이나 사건도 모두 이 여섯 개의 의문사가 유기적으로 얽히어 그 내용을 이룬다고 하겠습니다. 그런데 이 여섯 개의 의문사 중에서 무엇부터 가장 먼저 물어야 할까요? 사실 이에 대해서는 주장이 분분합니다. 그도 그럴 것이, 어떤 사건에 대한 설명이나 이해에서 여섯 개의 의문사 중에서 가장 중요한 것이 상황에 따라서 달라질 수 있기 때문입니다. 어떤 사건에서는 '무엇'이 가장 중요하지만, 다른 사건에서는 '누가'가 관건이 되기도 하고, 또 다른 사건에서는 '왜'나 '어떻게'가 초점이 되기도 합니다. 실상 여섯 개의 의문사 모두가 가장 중요한 물음이 될 수 있는 뜻을 지니고 있습니다. 이러하니 당연히 가장 우선적인 물음의 순서를 정하는 일이 만만치 않습니다.

과연 그리스도교의 배경이 되는 서구 정신문화사에서도 가장 중요한 물음에 대한 의견들이 팽팽하게 대립되어왔습니다. 대략만 훑어보아도 고대·중세에는 형이상학이 지배하던 시대인지라 '무엇'이 최우선의 물음이었습니다. 그러다가 인식론이 전면에 등장하는 근세로 넘어와서는 '누가'라는 물음이 그 자리를 차지했습니다. 아울러 자연스럽게 주체로 등장한 '누가'와 객체가 되어버린 '무엇' 사이를 잇는 길로 '어떻게'라는 물음이 동시에 관건이 되었습니다. 그러다가 우리 시대인 현대로 넘어오면서 이 모든 이야기들에 대해 뿌리를 시비하는 '왜'를 묻게 되었습니다. 시대정신의 특성을 이렇게 의문사로 추려도 현격한 대비를 보여줄 만큼 팽팽하게 구별되는 것이었습니다. 사정이 이러하니 여섯 의문사 사이에서 순서를 정하는 것이 결코 간단한 일이 아닙니다. 그러나 우리는 효과적인 전개를 위해 물음의 역사적 궤적을 따라가는 것도 한 방법이 될 수 있으리라 봅니다.

먼저 '무엇' 물음으로 시작합니다. 그런데 '무엇' 물음은 둘로 갈라지는데, 믿음의 대상과 정체에 대한 물음이 그것입니다. 그런 다음에 '왜'를 통해 믿음의 근거나 이유를 논하며, 나아가 '어떻게'라는 물음을 가지고 믿음의 방법에 대해 더듬고자 합니다. 그리고 남아 있는 물음들, 즉 '누가', '언제', '어디서'를 각각 이어서 묻고자 합니다. '누가'가 주체 물음이라면 '언제'와 '어디서'는 상황 물음입니다. 물론 이러한 주체와 상황 물음들은 '왜'라는 근거를 묻게 한 물음들이며 주체가 '어떻게'를 상황에서 실천하는 물음들이라고 하겠습니다. 결국 믿음이란 인간이 하는 것이거나 인간에게서 일어나는 일이니, 인간을 이루고 있는 이런 물음들이 믿음에 대해 현실적으로 중요한 뜻을 지니고 있음은 두말할 나위도 없을 것입니다.

이제 첫째 물음인 '무엇'을 물어봅시다. 그런데 믿음과 관련하여 '무엇'을 물을라치면 앞서 말한 바와 같이 더 줄일 수 없는 두 개의 물음, 즉 '무엇을 믿는가?' 그리고 '믿음이란 무엇인가?'라는 물음을 떠올리게 됩니다. 그런데 이 두 물음은 그

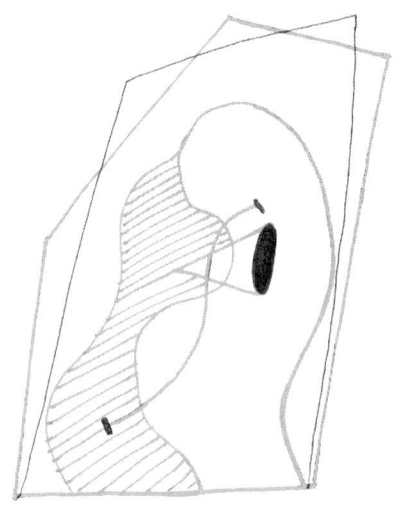

방향과 운명에서 대조적입니다. 앞의 물음이 바깥[대상]을 향한 것이라면 뒤 물음은 안[정체]으로 들어오는 물음이기 때문입니다. 더욱이 앞 물음이 많이 물어지고 그보다 더 많은 대답을 지녀왔다면, 뒤 물음은 의심과 회의를 일으킬 수도 있다는 불순성의 혐의와 함께 오히려 억눌려왔기 때문입니다. 우선 순서대로 살펴봅시다.

1

무엇을 믿는가?

그런데 사실상 이 물음은 너무도 많이 물었습니다. 아니 솔직히 말해 이 물음은 묻기에 앞서 대답부터 먼저 떠벌려왔습니다. 물음을 기다리기에 무엇이 그리 급했는지 대답들이 먼저 쏟아져 나왔던 것입니다. 그것도 엄청나게 많이! 온갖 교리들이 그 좋은 예에 해당합니다. 그러니 이 물음을 열심히 묻고 대답을 다시 들추어가면서 더 곱씹을 이유는 별로 없어 보입니다. 그런데 이런 대답들은 사실 물음에 '앞선 대답'입니다. 굳이 설명이 필요 없으리라 봅니다. 그런데 '앞선 대답'은 '이미' 대답이지만 바로 그렇기 때문에 사실 '아직' 대답이 아닙니다. 묻지도 않았는데 대답이라고 나왔으니 대답도 아니고 따라서 물음도 제대로 된 물음이 아니었습니다. 주고받기의 모양은 갖추었지만 실상은 동떨어져 있었던 것입니다. 그리스도교와 교회가 밖을 향하여 소통을 하지 못하고 '그들만의 천국잔치'로, '당신들의 기독교'로 게토(ghetto)가 되어가는 많은 이유 중 하나입니다. 따라서 우리는 기왕 믿음 되돌아보기를 시작하는데 그리스도교와 교회를 넘어서도 소통될 수 있는 방식으로 묻고 대답함으로써 이 성찰의 뜻을 될 수 있는 대로 크고 넓게 하고자 합니다. 말하자면 '무엇을 믿는가?'라는 이 물음에 대해서도 전통적으로 '이미 대답'을 장식해왔던 교리적인 표현으로 치장하기를 멈추고 바깥의 자리, 삶의 터에서 일상적으로 소통할 수 있도록 대답을 시도하고자 합니다.

그런데 이러한 시도는 교회 바깥에서 서성대거나 그리스도교를 조롱하는 사람들만을 향한 것은 아닙니다. 그리스도교를 자신의 신앙으로 신실하게 받아들이고 있는 사람들에게도 절실하게 필요한 시도입니다. 그리스도교인들도 그리스도교 바깥을 살고 있기 때문입니다. 아니 굳이 안과 밖을 갈라서 비교하자면 안보다는 밖에서 더 많이 살고 있습니다. 물론 밖으로부터 더 많이 영향도 받고 있습니다. 그렇기 때문에 먼저 그리스도교인 자신을 이루고 있는 세속의 일상에 대해 좀 더 정직해야 합니다. 세상에 살고 있지 않은 것처럼 행세하면서 거룩한 척하는 모습은 여간 역겨운 꼴불견이 아닙니다. 그러니 일상적 소통의 방식으로 믿음 돌아보기를 하자는 것은 먼저 그리스도교인 자신을 위한 것입니다. 그것도 스스로 아주 독실하다고 생각하는 그리스도교인 말입니다. 그러니 이런 믿음 되돌아보기를 가지고 바깥을 향해 시혜를 베푼다는 듯이 너스레를 떨 일이 결코 아닙니다. 우선 그리스도교인의 믿음에 대한 주제파악이 앞서야 합니다. 이 대목에서 벌써 뚜껑 열리시는 독실한 신자들도 계시겠지만 바로 그러한 태도가 오늘날 '안티 기독교' 현상을 만들었습니다. 물론 아예 종교의 존재와 의미 자체를 부정하는 부류들이 더욱 급속하게 늘어나고 있으니 '안티 기독교'도 사실 고마운 일입니다. 그나마 관심을 가져주는 것이니까요. 그렇게 본다면 아직 가능성의 불씨가 조금이라도 남아 있는 작금의 기회를 놓치지 말아야 할 것입니다. 그러기 위해서 '당신들의 기독교'인 '우리의 기독교'를 정직하게 볼 수 있도록 거리두기의 길을 제공해줄 수 있는 일상의 언어를 쓰자는 것입니다. 물론 이것이 바깥과의 소통을 위해서도 도움이 되리라고 기대할 수 있겠고요.

　이런 태도로, 물음으로 되돌아가봅시다. 무엇을 믿는가? 종교용어나 교리적인 설명이 아닌 일상 언어로 풀기 위해 하나의 예로 이런 물음을 던져봅시다. 그리스도교인들이 기도할 때, 그들이 부르는 신인 '하느님'은 과연 무슨 하느님인가요? 물론 의심할 여지없이 '하느님 그대로의 하느님'이라고 대답할 것입니다. 여기서 잠깐 '하느님'이라는 이름을 쓰는 것에 대해 한마디 합시다. 한국 그리스도교 안에서도 개신교는 압도적으로 '하나님'이라는 이름을 쓰고 있지만 바로 앞서 말씀드린 것처럼 교회 밖과의 소통을 위해 좀 더 넓게 통용되는 이름을 쓰고자 합니다. 이름이 다르니 다른 신이라는 말씀은 하지 맙시다. 그런 말이야말로 다른 신이 있다는 것을 인정하는 자가당착입니다. 다시 대답으로 돌아갑니다. '하느님 그대로의 하느님'이라는 대답 말입니다. 당연히 그렇게 믿고 기도합니다. 그렇지 않고서야 그 이름을 부르며 기도하고 찬송할 이유가 없지요. 그런데 '하느님 그대로의 하느님'인 것을 어떻게 알게 되었는지요? 이렇게 묻게 되면 여러 가지로 대답할 수 있을 것입니다. 그러나 물음의 꼬리를 이어가면 결국 '내가 하느님 그대로의 하느님이라고 믿고 있으니까!'라는 대답에 이르게 됩니다. 그런데 물음은 여기서 멈추지 않습니다. '도대체 왜 하느님 그대로의 하느님이라고 믿는가?'라는 물음을 묻지 않을 수 없기 때문입니다. '왜'는 근거 물음이기 때문에 이에 대한 대답은 계속 거슬러 들어갈 수밖에 없습니다. 그러면 결국 '내가 하느님 그대로의 하느님이라고 믿고 싶으니까!'라는 대답에 이르게 됩니다. 갑작스럽게 껍질 벗기듯이 이야기를 해서 아마 당혹스러울 수도 있을 것입니다. 그러나 차분히 생각해보면 부정할 수 없는 우리의 실상이라 하지 않을 수 없습니다.

좀 더 자세히 살펴봅시다. 우리는 누구나 '하느님 그대로의 하느님'을 믿는다고 생각합니다. 이렇게 생각하는 것은 불가피할 정도로 당연합니다. 또 그래야만 믿음이 이루어질 수 있기도 합니다. 그리고 바로 그렇기 때문에 '하느님 그대로의 하느님'은 물러설 수 없는 기준이기도 합니다. 종교의 아르키메데스 점■이라고 할까요? 그러니 이게 되돌아 살피는 반성과 검

■ 아르키메데스 점이란 관찰자가 탐구 주제를 총체적 관점에서 객관적으로 지각할 수 있는 유리한 가설적 지점을 가리킨다. 연구 대상을 그 밖의 모든 것들

토의 대상이 된다는 것은 상상도 할 수 없는 일이었습니다. 꽤 오랫동안! 아니 사실 그 뿌리에서부터 그러하였으니 이는 두말할 나위가 없는 것이었습니다. 목숨 걸고 사수해야 하는 것이었습니다. 수많은 순교의 역사는 이에 대한 좋은 증거입니다.

   그러나 과연 '하느님 그대로의 하느님'일까요? 만일 그렇다면 서로 다른 수많은, 심지어 서로 인정조차 하지 못하는, 아니 서로 싸우고 죽이기까지 했던 역사를 지닌 교단전통과 교회들은 어찌하여 그렇게도 무수하게 생겨났나요? 이 대목에서 그리스도교의 태동과 발생 과정을 살펴봅시다. 절묘하게도 서구문명의 합리주의와 신비주의라는 양대 전통이 마주치는 지점에서 그리스도교가 시작합니다. 자세한 이야기를 생략하더라도 나중에 동방정교회와 서방가톨릭교회로 갈라

과 관계에서 볼 수 있도록 하며, 그것들을 독립적인 것들로 유지하도록 하는, 그 연구 대상에서 '자신(관찰자) 제거하기'라는 이상(Ideal)은 바로 아르키메데스 점의 관점으로 묘사된다. 이 표현은 고대 그리스의 과학철학자 아르키메데스가 충분히 긴 지렛대와 그것이 놓일 장소만 주어진다면, 지구라도 들어 올릴 수 있다고 주장했던 것에서 유래한 것이다. 출처: 위키피디아, http://ko.wikipedia.org/wiki/%EC%95%84%EB%A5%B4%ED%82%A4%EB%A9%94%EB%8D%B0%EC%8A%A4_%EC%A0%90

질 한 지붕 두 가족은 그리스도교의 태동 이전에 이미 깔려 있던 문화적·사상적 토양이었습니다. 이 밭에 뿌려진 씨앗인 그리스도교는 바로 그 토양에서 매우 다양하게, 심지어 서로 충돌하면서 유구한 역사를 엮어왔습니다. 민족문화의 다양한 배경을 토양으로 하는 동방지역에서는 정통성(orthodoxy)이 중요했습니다. 그래서 정교회가 태동합니다. 그리스, 시리아, 터키, 러시아 등에서 융성한 동방정교회(Eastern Orthodox Church)가 그것입니다. 서쪽으로 라틴계열의 서방기독교가 형성됩니다. 수많은 식민지를 거느린 로마제국이 배경이 되니 당연하게도 보편성(catholicity)이 중요했습니다. 그래서 보편교회 또는 공교회를 표방하게 됩니다. 로마가톨릭교회(Roman Catholic Church)가 바로 그것입니다. 그러나 말이 보편성이지 제국주의적인 배경에서 중앙집권적인 교회 체제는 다름을 허용하지 않았던 동일성으로서의 보편성이었습니다. 물론 동방 지역의 정통성도 정도의 차이는 있을지언정 상황은 서방과도 별로 다르지 않았습니다. 그렇다고 다름이 없었을 리 만무하니 사실 교회는 어느 지역이나 전통을 막론하고 이미 무수하게 다양하고 심지어 서로 충돌하는 역사와 전통의 갈래들로 엮어졌던 것입니다. '하느님 그대로의 하느님'으로 표현되는 동일성이란 사실상 표방되는 구호였을 뿐이고, 실상 무수한 다름들의 혼재와 공존, 이것이 교회의 시작이었고 지금도 그 역사는 계속되고 있습니다.

이야기가 여전히 너무 넓고 큰 이야기여서 감이 잘 잡히지 않는다면 이런 실태조사를 눈여겨보는 것도 괜찮을 듯합니다. 실제로 종교연구를 하는 곳에서 흔히 하는 조사입니다. 서로 다른 종교인들을 함께 모아놓고 하는 연구입니다. 그리스도교인 두 사람과 불교인 한 사람에게 그들이 믿는 '절대'와 그러한 절대가 제공해주는 '궁극적 경지'에 대해 서술하도록 요청했습니다. 그런데 이때 그런 종교들에 대해 전혀 알지 못하는 사람도 알아들을 수 있도록 각자 자기 종교의 고유한 용어들을 쓰지 말고 평범한 일상적인 표현들을 쓰는 조건을 달았습니다. 그래야만 서로 비교하거나 대조해볼 수 있을 것이기 때문입니다. 그런데 그들은 자기의 종교적 입장을 일반적으로, 일상적으로 서술하려니 너무도 막연했습니다. 각 종교의 경전이나 교리의 용어들을 사용한다면 얼마든지 청산유수로 읊어댈 수 있었지만 이러한 조건에 맞추려니 도무지 시작도 하기 어려웠던 것입니다. 아니 사실 특정한 종교 안에서 쓰고 있는 어휘들을 덮어두고 그 종교의 핵심에 대해 설명하려 할 경우 거의 불가능하다는 것이 예외 없이 확인되는 일이었습니다. 이것은 무엇을 가리킬까요? 교회 안에서 쓰는 종교언어가 교회 밖에서 쓰는 일상 언어로 번역되지 못한다는 것입니다. 다시 말하면 종교언어가 일상생활에서는 거의 통용되지 못한다는 것입니다. 이는 신앙생활을 하는 사람들이면 누구나 겪고 있는, 그래서 부정할 수 없는 엄연한 사실입니다. 종교 안과 밖이 너무도 다른 세계라는 것입니다. 그리스도교의 경우, 교회 안과 밖이 따로 논다는 것입니다. 말하자면 믿음과 삶이 따로 노는 것입니다. 그런데 이런 믿음을 제대로 된 믿음이라고 하기는 어렵겠지요. 믿음을 되돌아보아야 하는 이유, 물어야 하는 까닭을 여기서 다시 확인하게 됩니다.

이 문제를 잠시나마 해결하기 위해 종교학을 연구하는 사람들이 여러 종교들에 통용될 수 있는 어휘사전을 간단하게 만들어 이 공통어를 사용해서 위의 서술을 하도록 했습니다. 물론 쉽지 않은 일이지요. 많은 시행착오가 있었습니다. 그럴 수밖에 없기도 하구요. 드디어 어렵사리 이 과제를 수행한 사람들이 그 결과를 얻을 수 있었습니다. 그런데 앞의 상황보다 더욱 놀라운 일이 벌어졌습니다. 중립적이고 공통적인 표현들을 가지고 각자 믿는 '절대'와 절대가 주는 '궁극적인 경지'에 대해 서술하라고 했더니, 그 결과 그리스도교인 두 사람 사이의 차이가 한 그리스도교인과 한 불자 사이의 차이보다 더 큰 경우가 비일비재했습니다. 같은 종교인들 사이의 서로 다름이 다른 종교인과의 서로 다름보다 더 크게 나타난 것입니다. 왜 그랬을까요? 쓰고 있는 표현과 어휘들이 같거나 비슷하다 보니 같은 종교로 분류했지만 실상 같은 것은 어휘나 표현들 뿐이었습니다. 말하자면 같아도 이름만 같고 달라도 이름만 다를 수도 있다는 이야기입니다. 결국 저마다 자기가 생각하고 이해하고 믿는 '절대'이고 자기가 믿는 절대가 주는 '경지'인 것입니다. 교회사에서 전개된 다양한 교회전통이나 교파의 분열, 심지어 개교인들 사이의 신관이나 신앙 방식에서의 차이들은 바로 이런 이유로 생긴 것입니다. 결국 그리스도교인이 기도하면서 그렇게 부르는 그 존재는 '하느님 그대로의 하느님'이라기보다는 저마다의 방식을 따라 '내가 믿고 있는 하느님'일 뿐입니다. 내가 '하느님 그대로의 하느님'이라고 믿고 있으니 대답은 '하느님 그대로의 하느님'이라고 하지만, 실상은 '내가 믿고 있는 하느님'인 것입니다. 그렇다고 해서 '하느님 그대로의 하느님'이 계시지 않다는 것은 아닙니다. 다만 우리가 기도할 때 부르는 하느님은, 그래서 우리가 믿는 하느님은 '하느님 그대로의 하느님'이라기보다는 '내가 믿고 있는 하느님'이라는 말입니다. 물론 '내가 믿고 있는 하느님'이 '하느님 그대로의 하느님'과 아주 무관한 것은 아닙니다. 어떤 식으로든지 연관되어 있기는 하겠지요. 다만 우리는 우리가 믿는 방식으로 믿고 있다는 것입니다. 저마다 다른 이유는 여기서만 설명될 수 있습니다.

이 분석은 여기서 멈추지 않습니다. '내가 믿고 있는 하느님'에 대해 "왜 그렇게 믿는가?"라는 물음이 불가피하기 때문입니다. 그도 그럴 것이 내가 무엇을 믿을 때 아무런 이유도 없이, 그야말로 밑도 끝도 없이 그냥 믿지는 않기 때문입니다. 필시 이유가 있을 터인데 "왜 그렇게 믿고 있는가?"를 묻지 않을 수 없습니다. 그 대답은 여러 가지 이유가 있겠지만 껍질 벗기듯이 계속 '왜?'를 물으면 결국 "내가 그렇게 믿고 싶으니까 믿는다!"라는 데 이르게 됩니다. 다시 말하면 '내가 믿고 싶은 대로 믿고 있는 하느님'입니다. 결국 하느님도 아무런 전제나 조건 없이 믿는 것이 아니라 그만한 이유가 있어서 믿는 것입니다. '내가 믿고 싶은 대로 믿고 있는 하느님'일 수밖에 없습니다. 말하자면 믿음의 대상이란 대상 그 자체가 아니라 믿는 쪽에서 그려내고 싶은 대로 그려내는 꼴과 틀에 담기는 한에서라는 말입니다. 그것도 담고 싶은 대로 말입니다. 그리고 이 점에서는 미안하지만 이 세상 어느 누구도 예외가 아닙니다. '너희들은 다 그래도 나만은 아니야!'라고 외치고 싶은 충동이 일어난다면, 이제부터 자세히 살필 것이니 잠시만 기다려주십시오. 일단 앞의 이야기를 아래와 같이 정리해봅니다.

1) 무엇을 믿는가?
하느님 그대로의 하느님을 믿는다! ⋯▸ 〈하느님 그대로의 하느님〉

2) 하느님 그대로의 하느님인 줄 어떻게 알게 되었는가?
내가 그렇게 믿고 있으니까! ⋯▸ 〈내가 믿고 있는 하느님〉

3) 왜 그렇게 믿고 있는가?

내가 그렇게 믿고 싶으니까! … 〈내가 믿고 싶은 대로 믿고 있는 하느님〉

우리가 하느님을 새기는 꼴에 대한 일련의 물음인 '무엇-어떻게-왜'는 비단 하느님에 대해서뿐 아니라 일상에서 만나게 되는 대상들에 대해서 파악해가는 순서이기도 합니다. '무엇'이 정체 물음이고 '어떻게'가 방법 물음이라면 '왜'는 근거 물음일 텐데 우선 정체를 묻고 그렇게 정체가 드러나게 된 과정 그리고 마지막으로 그 뿌리로 거슬러 올라간다는 것이지요. 이러한 순서는 공교롭게도 인류의 정신문화사의 흐름을 따르고 있습니다. 아니 사실 공교로울 것도 없이 당연한 것입니다. 그런 물음들을 물어야 하고 그런 순서로 될 수밖에 없다는 점을 확인하기 위해 기왕 나온 정신문화의 전개과정을 간략하게 살펴봅시다.

그리스도교의 배경이 되는 서구 정신문화사는 이보다 앞선 신화 지배와 학문 출현을 토양으로 하고 있습니다. 신화(mythos)로부터 이성(logos)으로 문명사적인 전환이 이루어진 주전 5세기부터 지금까지 2500여 년의 역사를 고대, 중세,

근세, 현대로 나누어 시대 구분을 합니다. 잘 아시는 대로 주전 5세기부터 서로마제국이 멸망한 5세기까지를 고대로, 이후 동로마제국이 멸망한 15세기까지를 중세로, 과학이 열어주는 새로운 시대가 시작하는 16세기부터 19세기 중엽에 대전환이 일어나기 전까지를 근세로, 그 이후 오늘 우리의 시대를 현대라고 나눕니다. 이천 년의 긴 세월인 고대·중세를 지배한 물음은 '무엇'이었습니다. 주요한 장르는 당연히 형이상학이었고 이는 존재 그리고 존재 중의 존재인 신을 향한 탐구였습니다. 그러다가 과학이 열어주는 새로운 시대인 근세에 인간이 전면에 등장하면서 '누가'의 물음이 앞으로 나오게 되었습니다. 당연하게도 '누가'가 주체가 되고 '무엇'이 객체가 되면서 주-객 관계를 '어떻게' 엮어야 하는가 하는 인식론이 중요한 과제가 되었습니다. 이제 '무엇'과 '누가'가 '어떻게'를 고리로 하여 기본적인 물음의 틀이 짜이는 듯했습니다. 그러나 '누가'의 부상(浮上)을 통해 인간을 중심적인 주체의 자리로 올리려 했는데, 이게 인간을 행복하게 하기는커녕 도리어 소외와 허무로 내던져지도록 하기에 이르렀습니다. 급기야 인간은 불안과 절망을 절규하면서 죽음과 얽힌 삶에 주목하게 되고, 여기서 뿌리를 향한 '왜' 물음을 던지게 되었습니다. 정체 물음과 방법 물음은 결국 근거 물음으로까지 거슬러가야만 비로소 의미를 드러낼 수 있기 때문이었습니다. 오늘날 제아무리 그럴듯한 말씀이라고 하더라도 "그래서 어쨌다는 거야?"라는 비아냥조의 물음을 입버릇처럼 뇌까리는 것도 바로 이러한 시대정신의 반영인 것입니다. 이처럼 시대의 유구한 흐름은 그 깊이를 더해가는 물음의 전개과정과 함께 흘러왔던 것입니다.

기왕 시대정신이라는 문화적 배경을 이야기했으니 이 대목에서 한마디 덧붙이겠습니다. 그것은 위의 1)은 그야말로 이미 거기 그렇게 있는 '실재'에 대한 표현이니 주어진 전제이고, 2)는 인간이 주도적으로 행사하는 '의지'에서 비롯된 것이라면, 3)은 인간이 어찌해볼 수 없이 등 뒤에서 조종하는 '욕망'에 의한 것이라는 점입니다. 고대와 중세는 주어진 실재를 당연한 전제로 받아들였던 소박한 시대였습니다. 그런데 근세로 넘어와 인간이 주도적으로 의지를 가지고 실재를 객체로 간주하면서 관계한다고 여길 만큼 거만한 주체로 부상했습니다. 그러나 앞서 말한 대로 이게 인간을 더 잘살게 하기는커녕 오히려 소외와 허무로 내몰아갔습니다. 급기야 우리 시대인 현대로 넘어와서 무의식이나 욕망과 같은 비의지적인 차원을 발견하면서 오히려 이런 것들로부터 조종당하는 인간의 자화상을 발견하게 되었고 이로써 겸손한 주제 파악으로 내던져지게 되었다는 말입니다. 말하자면 오랜 세월 동안 '하느님 그대로의 하느님'인 줄로 소박하게 생각하다가 근자에 이르러 '내가 믿고 있는 하느님'이라는 것을 발견하게 되었고, 우리 시대인 현대에 들어와서야 비로소 '내가 믿고 싶은 대로 믿고 있는 하느님'이었음을 깨닫게 되었다는 것입니다.

사실상 우리는 누구나 예외 없이 '내가 믿고 싶은 대로 믿고 있는 하느님'에서 시작합니다. 이 점에서는 미안하지만 어느 누구도 예외가 아닙니다. 앞서도 말했지만 "너희들은 몰라도 나만은 아니다"라고 소리치고 싶은 분들이 계실 것입니다. 아니 적지 않을 것입니다. 그러나 그것은 죄송스럽게도 아직 주제파악에 이르지 못했다는 증거일 뿐입니다. 누구나 그렇게 하고 있는데 그런 줄 모르면 나도 모르게, 아주 자연스럽게 그리고 의심의 여지없이 당연하게 '하느님 그대로의 하느님'이라고 생각하게 됩니다. 물론 이것은 착각입니다. 그러나 그저 단순한 착각이 아닙니다. 왜냐하면 이게 단순히 몰라서만 그렇게 착각하는 것이 아니기 때문입니다. 더 깊은 뿌리가 도사리고 있습니다. 그것은 종교적 인간이 지니는 원초적 욕망에서 비롯된 것입니다. '내가 믿고 싶은 대로 믿고 있는 하느님'은 분명히 다른 사람의 그것과 매우 다를 가능성이 많습니다. 그런데 나와 남이 서로 다르면 이들 중에 하나는 맞고 다른 하나는 반드시 틀리다고 생각합니다. 내 것이 맞으면 다행인데 남의 것이 맞으면 도저히 견딜 수 없습니다. '내가 믿고 싶은 대로'는 남과 다를 수밖에 없는데 이것을 인정하면 내가 혹시라도 엉뚱하게 썩은 동아줄을 붙잡고 있는 것이 아닌가 하는 불안을 떨칠 수가 없기 때문입니다. 이렇게 서로 다르면 그저 다르지 않고 틀린 것이 되니 혹시 내가 틀리지나 않을까 하여 불안을 견디지 못합니다. '내가 믿고 싶은 대로 믿고 있는 하느님'에서 시작한다는 것을 정직하게 인정하지 못하는 이유가 바로 여기에 있습니다. '내가 믿고 있는 하느님' 정도가 아니라 심지어 '내가 믿고 싶은 대로 믿고 있는 하느님'이라니 이것을 도저히 인정할 수 없습니다. 자기성찰의 능력에 문제가 있는 경우도 많지만, 인정하면 무너질 수밖에 없다고 생각하는 불안감이 사실 더 큰 문제입니다. 그러니 시대는 욕망이 시키는 대로, 하고 싶은 대로 하는 것을 정당화하는 현대를 살면서도 종교에서만큼은 불안을 수반하는 자유를 포기하고서라도 안정욕구를 충족시켜주는, 누구에게나 동일할 것 같은 '하느님 그대로의 하느님'을 붙들고 늘어집니다. 그래서 '내가 믿고 있는 하느님'이, 그것도 '내가 믿고 싶은 대로 믿고 있는 하느님'이 '하느님 그대로의 하느님'이라고 생각합니다. 아니 무조건 그렇게 믿는 것입니다. 이것은 하느님을 믿는 것이라기보다는 오히려 하느님에 대한 자기의 믿음을 믿는 것입니다. '믿음을 믿는 것'입니다. 그뿐 아니라 자기가 가지고 있는 믿음을 믿는 것입니다. 그런데 자기의 믿음을 믿는 것은 결국 '자기를 믿는 것'입니다. 이것이 바로 '묻지마 믿음'의 모습입니다.

이런 '자기 믿음'이라는 자가당착은 신(神)과 신(信)을 혼동하는 것부터 비롯된 것입니다. 물론 신(神)의 절대성에 대해서는 상징적으로 말할 수 있지만, 신(信)의 절대성은 말도 안 되는 어불성설입니다. 그럼에도 불구하고 '자기 믿음'에서 믿음은 문자 그대로 절대적이어서 이 '그대로'와 다른 것은 그저 나름대로 '다름'이 아니라 아예 '그름'이거나 '틀림'으로 간주됩니다. 이것이 바로 독단의 지름길입니다. 그러니 자기강박을 확신으로 착각하게 되는 것은 이미 예정된 수순입니다. 혼자만 옳다는 믿음의 절대성 주장은 그 모양새가 거의 집착적이거나 마술적이어서 일상적인 삶과는 따로 놀 수밖에 없습니다. 그뿐 아니라 오히려 이를 자랑으로 삼으니 그러한 믿음이 지금 여기서 실행하려는 되돌아봄의 가치를 인정할 길은 도무지 있을 수 없습니다. 자기의 믿음을 절대화하니 우상 숭배에 빠질 수밖에 없고 자기를 기준으로 내세우니 자기도취에 빠질 수밖에 없습니다.

이야기를 다시 되돌려봅시다. 단언컨대, 이 세상 어느 누구도 '내가 믿고 싶은 대로 믿고 있는 하느님'에서 시작한다는 점에서는 예외가 없습니다. 이것에는 사실상 아무런 잘못이나 문제가 없습니다. 우리 삶이 이미 그렇게 생겨먹었기 때문입니다. 우리 삶이 '내가 믿고 싶은 대로' 믿고 살아가도록 엮여졌기 때문입니다. 말하자면, 조물주께서 그리 만드셨기 때문입니다. 이는 그리스도교 창조신앙에 따르면 조물주의 섭리에 의한 것입니다. 따라서 불가피할 정도로 자연스러운 것입니다. 이에 대해서는 바로 다음 물음 '믿는다는 것은 무엇인가?'에서 자세히 이야기하겠습니다. 하여튼 우리는 '내가 믿고 싶은 대로 믿는' 데서 시작하도록 지어졌습니다. 앞서 이야기했던 '종교적 인간'이란 바로 이것을 가리킵니다. 특정한 종교를 가지고 있는 경우는 물론이고, 종교의 손아귀에서 벗어나자는 탈(脫)종교, 종교를 반대하는 반(反)종교, 심지어 종교의 의미를 부정할 뿐 아니라 아예 관심조차 갖지 않는 무(無)종교의 경우에도 '내가 믿고 싶은 대로' 그렇게 할 가능성이 짙습니다. 바로 이런 이유로 '내가 믿고 싶은 대로'는 종교적으로 아주 독실한 믿음에 대해서뿐 아니라 탈종교나 반종교 그리고 무종교 주장에 대해서도 분석과 비판의 실마리가 되기도 합니다.

그런데 '내가 믿고 싶은 대로 믿고 있는 하느님'에서 시작한다는 것을 인정하는 것은 그저 '입술로만 시인해서' 되는 일은 아닙니다. 자기 자신에 대해 스스로 솔직해야 합니다. 그런데 이건 그냥 생각 좀 한다고 되는 일이 아닙니다. 여기가 불가피한 출발점이라는 것을 인정하기 위해서는 종교적 인간의 원초적 욕망에 대한 뼈아픈 통찰을 필요로 하기 때문입니다. 그리고 그러한 욕망이 나도 모르는 사이에 우상을 만들지 않았나 하고 살펴야 합니다. 그러한 우상이 버젓이 노골적으로 우상의 모습을 취하고 있지는 않습니다. 그게 아니니 나는 우상에서 자유롭다고, 믿고 싶은 대로 믿고 있는 게 아니라고 함부로 떠들어댈 일이 아닙니다. 자신에게 진리라고 여겨지고 있는 것, 자신이 가지고 있는 신념 등에 대해 근본으로 되돌아가 물어야 합니다. 우상은 대체로 이런 모습으로 우리에게 자리 잡고 있기 때문입니다. 자주 그 우상은 '하느님' 또는 '하나님'이라는 이름을 취하기도 합니다. 그래서 그런 우상이 어떻게 우리 안에 자리 잡고 있고 어떻게 우리를 움직이고 있는지를 살펴야 합니다. 그러나 그럴 필요와 당위에 대해 아무리 진지하게 공감하더라도 이를 실행하는 일은 결코 간단하지 않습니다. 이와 관련하여 근세를 열었던 종교개혁의 선구자들과 현대의 서주(序奏)를 울린 당대의 사상가들이 공교롭게도, 아니 당연하게도 한 목소리를 내었다는 사실은 의미심장합니다. 이들은 한결같이 '인간은 끝없이 우상을 만들어내는 공장'이라고 고발합니다. 말하자면 인간은 신에 관한 어떤 표상 없이는 살 수 없는데 '나를 위해 존재하는 신이 나에게는 신의 전부이기 때문에' 그 표상마저도 인간적이지 않으면 안 된다는 우리의 집요한 요구를 예리하게 들추어냈습니다. 성서가 보여주듯이, 기라성 같은 예언자들이 벼락같은 질타를 통해 겨우 우상을 파괴해놓아도 또 다시 세우는 것이 우리 인간들의 끈질긴 종교적 성향이라는 말입니다. 이른바 '종교적 인간'의 '묻지마 믿음'입니다.

그러기에 이제 우리는 '믿고 싶은 대로'에 주목하여 믿음을 욕망으로부터 승화시켜야 합니다. '믿고 싶은 대로'를 넘어서 적어도 '내가 믿고 있는 하느님'으로 올라가야 합니다. 성서가 여러 모양으로 전해주면서 가르치는(teach) '나를 만나주신 하느님' 또는 '내가 맞닥뜨린 하느님'의 단계로 가야 합니다. 그리고 더 나아가 성서가 가리키는(point to) '하느님 그대로의 하느님'을 향해 무장해제를 해야 합니다. '하느님 그대로의 하느님'은 다만 가리켜질 수 있을 뿐 인간으로서는 도달할 수 없는 저편이기 때문입니다. 그러니 자신이 믿고 있는 하느님이 '하느님 그대로의 하느님'이라고 착각하는 신성모독을 더 이상 저질러서는 안 될 것입니다.

그렇다면 우리의 출발점인 '내가 믿고 싶은 대로 믿고 있는 하느님'에서 어떻게 '믿고 싶은 대로'를 넘어서 '내가 믿고 있는 하느님'으로 갈 수 있을까요? 성서가 그 길을 가르쳐줍니다. 성서에 기록된 무수한 이야기들은 '내가 믿고 있는 하느님'의 다양한 모습을 말해줍니다. '내가 맞닥뜨린 하느님' 또는 '나를 만나주시는 하느님' 등 상황에 따라 표현을 달리할 수 있지만, 결국 '내가 믿고 있는 하느님'의 모습들입니다. 이렇게 말하면 의아해하실 분들이 분명히 계실 것입니다. "아니 성서는 하느님의 말씀이니 당연히 '하느님 그대로의 하느님'을 전하고 있을 텐데 '내가 믿고 있는 하느님'이라니 이게 무슨 망발인가?" 하고 말입니다. 그러나 잘 살펴보십시오. 구약성서라고도 부르는 히브리성서의 창세기부터 신약성서의 계시록에 이르기까지 그 역사는 인간들이 만난 하느님 또는 인간들을 만나시는 하느님의 모습에 대한 것입니다. 그러기에 그렇게 다양하고 심지어 서로 모순되게 느껴지기도 하는 것이지요. 만일 성서가 '하느님 그대로의 하느님'을 보여준다면 성서 안에 나타난 하느님에 대한 다양하고 심지어 상충하는 이해와 고백들을 제거해야만 하는 엄청난 모순에 빠질 수밖에 없게 됩니다. 그러나 하느님은 세상을 다양하게 창조하셨고 그렇게 다양한 피조세계가 다양한 방식으로 하느님과 관계하도록 다양하게 자신을 드러내시고 인간들과 만나주신 것이기에 성서의 무수한 이야기들을 모순으로 읽을 이유가 없습니다. 말하자면 성서는 '하느님 그대로의 하느님'이 아니라 '내가 믿고 있는 하느님' 아니 좀 더 정확하게 표현한다면 '나를 만나주신 하느님' 또는 '내가 만나야 하는 하느님'에 대해 가르쳐주고 있는 것입니다. 만일 성서가 '하느님 그대로의 하느님'을 보여주었다면 어떻게 되었을까요? 하느님께서 지으신 세상의 다양성과 부딪치기 때문에 오히려 세상은 그러한 '하느님 그대로의 하느님'을 만나지 못한 채 거부했을 수도 있고 또는 그러한 하느님의 지배 아래 꼼짝달싹하지 못하고 숨죽이며 살았을지도 모릅니다. 그러나 세상을 사랑하시는 하느님은 자신을 그렇게 나타내지 않으셨고, 하느님 자신과 더불어 들숨과 날숨을 자유롭게 주고받도록 우리를 지으시고 자신을 풍성하게 나타내셨습니다. 그렇기 때문에 '하느님 그대로의 하느님'이 성서 안에 '그대로' 담겨지고 성서를 통해 '그대로' 나타나셨다고 주장한다면 이는 성서를 신격화하면서 하느님을 성서 안에 가두는 자가당착의 오류일 뿐입니다. 굳이 말하자면, 성서에 대한 문자주의적 해석을 주장하는 근본주의가 그러한 예에 해당할 것입니다.

한마디로, 축자영감설은 신성모독입니다. 하느님을 성서 안에 가두기 때문입니다.

그래도 여전히 "'성서는 하느님의 말씀'인데 어찌 '하느님 그대로의 하느님'을 말하는 것이 아니라고 할 수 있는가?" 하는 의문을 가지신다면 성서를 잠깐만이라도 살펴보는 것이 도움이 되리라 봅니다. 예를 들어 히브리성서가 보여주는 하느님에 대해 살펴봅시다. 아브라함이 믿고 있는 하느님, 모세가 맞닥뜨린 하느님, 예레미야를 만나주신 하느님은 적어도 그 모습에서는 서로 매우 다릅니다. 심지어 믿음의 조상이 된 아브라함의 경우에도 정치와 종교의 권력을 함께 거머쥔 거대 족장이라는 큰 복을 주신 넉넉한 하느님과 어렵게 얻은 아들 이삭을 제물로 바치라는 잔인한 듯이 보이는 하느님은 공존하기 어려운 모습임은 분명합니다. 한 사람에게서도 상충되는 하느님의 모습이니 더 말해 무엇하겠습니까?

책장을 좀 넘겨 신약성서에서 예를 하나 들어볼까요? 질문을 하나 드리겠습니다. 예수는 언제 하느님의 아들이 되셨나요? 이렇게 물으면 "무슨 황당한 질문이냐?"고 반문하시는 분도 계실 것입니다. 그러나 분명하게도 신약성서 안에는 예수가 하느님의 아들이 되시는 순간이 여러 모양으로 나옵니다. 복음서 중 가장 먼저 쓰인 것으로 전해지는 마가복음에서는 예수가 요단강에서 세례를 받을 때 하늘에서 들려오는 소리를 통해 하느님의 아들이 되심을 전해줍니다. 마태복음과 누가복음은 성령에 의한 수태와 동정녀 탄생으로 하느님의 아들이심을 알려줍니다. 요한복음은 이보다 훨씬 더 거슬러 올라가서 태초에 말씀으로 하느님과 함께 계시다가 육신으로 오셨다는 해석을 통해 태초부터 하느님의 아들임을 설파합니다. 서신서로 넘어가면 바울의 교리서라 할 수 있는 로마서의 서두에서 부활하심으로 하느님의 아들이 되신 예수에 대한 고백이 나옵니다. 신약성서에 적어도 이렇게 네 가지 계기가 나옵니다. 어떤 것이 맞는 것인가요? 만일 성서가 '하느님 그대로의 하느님'을 보여준다고 한다면 여러 개 중에 어떤 하나만 맞고 나머지는 틀린 것으로 간주할 수밖에 없습니다. 그러나 앞서 말한 대로 성서는 '내가 믿고 있는 하느님' 또는 '나를 만나주신 하느님'을 보여주는 것이기 때문에 네 가지는 물론 아무리 종류가 많아도 전혀 문제가 안 됩니다. 이처럼 성서는 '내가 믿고 있는 하느님'에 대한 수많은 이야기들을 전해줍니다. 이러한 이야기들을 통해 '내가 믿고 싶은 대로 믿고 있는 하느님'에서 '믿고 싶은 대로'를 떼어내고 넘어서는 길을 가르쳐줍니다.

그리고 성서는 이제 '하느님 그대로의 하느님'을 향해 가리킵니다. 결코 직접 보여주거나 가르치는 것이 아니라 그저 손가락으로 달을 가리키는 것처럼 '하느님 그대로의 하느님'을 가리킬 따름입니다. 그러나 손가락이 달에 도달할 수 없는 것처럼 우리는 '하느님 그대로의 하느님'에 이를 수는 없습니다. 왜 그럴까요? 하느님께서 이것을 허락하지 않으셨기 때문입니다. 왜 그럴까요? 인간이 하느님에게 이르게 되면 그가 지니는 하느님에 대한 이미지를 하느님 자체로 둔갑시키게 되니 그 이미지를 신격화시켜 결국 우상을 숭배하게 되고 그런 자신을 절대화하게 되는 자기도취의 오류에 빠지게 되기 때문입니다. 우상 숭배와 자기도취가 한통속으로 엮이게 되는 것은 바로 이런 까닭입니다. 그래서 하느님은 '하느님 그대로의 하느님'이라고 주장할 수 있는 실마리를 뿌리부터 거절하신 것입니다. "나를 위하여 어떠한 형상도 만들지 말라"고 철저하게 우상 숭배를 경계하는 계명도 바로 이것을 가리킵니다. 이런 맥락에서 "나를 직접 보는 사람은 죽을 것이다"라는 하느님의 말씀도 어느 누구도 '하느님 그대로의 하느님'을 믿는다고 주장할 수 없다는 엄중한 경고로 이해되어야 할 것입니다. 그러니 '내가 믿고 싶은 대로 믿고 있는 하느님'에서 시작하는 줄 모르고 '하느님 그대로의 하느님'이라고 주장하는 것은 단순한 착각이 아니라 이처럼 엄청난 신성모독의 죄인 것입니다.

그렇다면 성서가 '하느님 그대로의 하느님'을 어떻게 가리키는가에 대해 더 자세히 살펴보는 것이 좋으리라 봅니다. 같은 이야기를 다른 각도에서 함으로써 이해를 돕기 위해 앞서 잠시 스쳤던 아브라함과 이삭 이야기로 가봅시다. 노령에 어렵게 얻은 아들 이삭을 바치라는 하느님의 명령에 아브라함은 인간으로서 견딜 수 없는 고뇌에 사로잡히게 됩니다. 모리아 산으로 이삭을 데리고 올라가는 아브라함의 마음이 어떨까 상상하기도 쉽지 않습니다. 제단을 쌓고 아들 이삭을 묶어 올려놓습니다. 긴 칼로 아들을 찌르려는 순간! 하느님의 다급한 음성이 울립니다. 그리고 마침 옆에 있는 나뭇가지에 걸려 있던 양을 잡아 제사를 드립니다. 그리고 '믿음의 조상'이 되는 특권으로 이어지는 칭찬을 받습니다. 해피엔딩입니다. 안도의 큰

숨을 쉬게 하는 다행스러운 결과입니다. 그러나 우리는 이러한 결과를 너무 잘 알고 있어서 바로 앞선 중요한 순간을 놓칩니다. 잠시 상상해보십시오. 아브라함이 아들을 찌르려는 순간 말입니다. 만일 그 뒤를 전혀 알지 못한다면 바로 이 순간의 끔찍하고도 잔인한 장면을 어떻게 받아들여야 하겠습니까? 하느님이 어찌 그러실 수가 있는가? 도대체 왜 그러시는가? 이런 절규의 물음을 피할 길이 없습니다. 사실 아브라함은 이삭을 죽인 거나 다름없습니다. 바로 이 시점에서, 그 지점에서 생각해봅시다. 이 장면에서 아브라함은 누구이고 이삭은 누구인가요? 대답이 만만하지 않은 물음입니다. 그러나 더 근본적으로 아브라함에게 그런 요구를 하시는 하느님은 누구이신가요? 절체절명의 엄청난 장면을 주목해보십시오. 바로 이 장면은 우리 모두가 시작하는 '내가 믿고 싶은 대로 믿고 있는 하느님'을 정면으로 거스르는 '하느님 그대로의 하느님'을 잠시나마 가리켜주는 중요한 순간입니다. 뒤에 이어지는 해피엔딩의 결말 때문에 쉽게 사라져버리고 잊히는 장면이지만 바로 여기에 그런 소중한 뜻이 있습니다. '내가 믿고 싶은 대로'를 여지없이 부수는 하느님의 모습입니다. 어떤 형태의 우상

화도 에누리 없이 거부하는 단호한 하느님의 모습입니다. 물론 '하느님 그대로의 하느님'이 언제나 '내가 믿고 싶은 대로 믿고 있는 하느님'과 정면으로 충돌만 하는 것은 아닐 것입니다. 다만 성서가 주저 없이 이토록 잔인하고 황당한 하느님의 모습까지 보이기를 불사하는 것은 '하느님 그대로의 하느님'을 가리키기 위한 것이라고 하지 않을 수 없습니다. "그리 아니하실지라도"라는 고백도 바로 이런 맥락에서 새겨져야 합니다. 하느님은 좋은 분이시지만, 우리가 원하는 대로 우리의 욕구를 충족해주기 위해 존재하는 '복덕방망이(*Deus ex machina*)'는 결코 아니라는 것을 성서는 이처럼 단호하게 선포합니다.

그렇다면 이제 성서가 그렇게 가르치는 '하느님 그대로의 하느님'에 대해 우리는 무엇을 어떻게 해야 할까요? 권위주의적이어서가 아니라 우상 숭배에 빠질까 봐, 그래서 결국 인간이 스스로를 절대화할까 봐, 그래서 타인을 억누르는 못된 짓을 할까 봐, 범접을 허락하지 않는 '하느님 그대로의 하느님'에 대해 우리는 우리의 관념이나 신념, 이해나 믿음까지도 해제하고 '하느님 그대로의 하느님'이 우리에게 다가오시도록 기다려야 할 것입니다. 말하자면 우상 파괴와 자기비움의 방식으로 무장 해제를 하는 것입니다. 물론 자연물에 초자연적 힘을 부여하던 원시적 우상 숭배는 시대착오적이겠지요. 그러나 믿고 싶은 대로 믿으라는 욕망이 엮어내는 관념과 신념이 '하느님'이라는 이름으로 우리 안에 자리 잡고 있다면 그게 바로 오늘날의 우상일 것입니다. 모리아 산 사건의 그 순간이 가리키는 '하느님 그대로의 하느님'은 이를 파괴하라는 하느님의 명령입니다. 이름은 분명히 하느님인데 우상일 수 있는 가능성이 깊게 깔려 있음을 되돌아 살피라는 준엄한 명령이라는 말입니다. 이제 우리가 가야 할 길을 정리하면 다음과 같습니다.

3) 출발점: 내가 믿고 싶은 대로 믿고 있는 하느님에서 시작한다는 것을 겸손하게 인정한다.
2) 배울 것: 내가 믿고 싶은 대로를 넘어서 성서가 가르치는 바 나를 만나시는 하느님으로
1) 향할 것: 하느님 그대로의 하느님이 오시도록 기다릴 뿐 우리는 이를 수 없다는 것

그러면 "도대체 무엇을 하라는 것이냐?"고 반문할 수도 있

습니다. 그런데 이런 반문은 대체로 노파심 또는 불안에서 나오는 것입니다. 무엇을 하지 않으면 불안해서 견디지 못하니 무엇인가를 만들고 이것을 붙들어야 하는 것입니다. 모세가 시나이 산에 올라갔을 때 이스라엘 백성들이 기다리지 못하고 금송아지를 만들어 숭배했던 것처럼 말입니다. 눈앞에서 힘의 나타남을 보아야지 그렇지 않으면 견디지 못합니다. 이런 경향을 일컬어 '실제적 무신론'이라고도 합니다. 입만 열면 '하느님, 하느님' 하는데 사실은 못 미더워서 스스로 하느님에 대한 상을 만들고 이를 붙들고 늘어지니 무신론일 수밖에 없다는 비아냥이지요. 그러니 결국 우리가 할 일은 우리의 알량한 관념적·신앙적 무장을 풀고 하느님을 기다리는 것입니다. 하느님이 그의 일을 하시도록 말입니다. 오죽하면 요즈음 '하느님을 놓아줍시다'라는 구호도 등장했다는데 이런 맥락에서도 새겨볼 일입니다. 아니 사실상 하느님은 우리 앞뒤에서, 우리의 위아래에서, 더욱이 우리 곁에서, 우리와 함께 일을 하고 계십니다. 다만 우리의 '믿고 싶은 대로'가 그러한 하느님을 가리고 자르고 가두기 때문에 보지 못하고 알지 못하고 믿지 못할 뿐이지요. '하느님 그대로의 하느님'은 바로 이런 뜻을 지닌 것입니다.

그렇다면 도대체 우리는 왜 '내가 믿고 싶은 대로 믿고 있는 하느님'에서 시작할 수밖에 없을까요? 그러고는 오히려 '하느님 그대로의 하느님'에 대해서는 노심초사할까요? 이 물음에 대해 답하기 위해 우리는 '믿는다는 것이 도대체 무엇이기에 그럴까?'라는 또 다른 물음으로 넘어가야 합니다. '믿는다는 것은 무엇인가?'

2

'믿는다'는 것은 무엇인가?

미국의 조사기관 퓨포럼이 2012년 6월 28일부터 7월 9일까지 진행한 조사 결과(오차범위 ±0.9%)에 따르면 자신이 개신교도(Protestant)라고 밝힌 응답자는 48%에 불과했다. 과거에도 특정 기관의 조사에서 개신교도 비율이 오차범위 내에서 50% 미만을 기록한 적이 있지만 오차범위를 넘어 확실히 절반 밑으로 떨어지기는 이번이 처음이다. 반면 '믿는 종교가 없다'는 응답자는 5년 사이에 5%포인트 증가한 20%에 달했다. 한국에서는 통상 '기독교'로 불리는 개신교는 16세기 종교개혁을 계기로 로마가톨릭에서 떨어져 나와 성립된 다양한 그리스도교의 분파를 총칭하는 말이다. 청교도로 불리는 미국 건국 주도 세력의 정체성을 대표하는 교파이자 사실상 미국의 국교로 여겨져왔다. 이번 조사 결과는 현대 개신교의 총본산 격인 미국 역시 개신교가 급격히 영향력을 상실한 유럽의 길을 가고 있다는 교계의 분석이 크게 틀리지 않음을 보여주는 것으로 풀이된다.

종교가 없다고 밝힌 미국인 중 압도적 다수는 정치적으로 현 집권당인 민주당을 지지하는 것으로 나타났으며, '무종교(無宗敎)자'의 비율은 갈수록 늘어나고 있다고 퓨포럼은 소개했다. 또 '무종교' 응답자 가운데 낙태 권리와 동성 결혼을 지지하는 비율은 전체 평균을 크게 상회하는 것으로 나타났다. 특히 백인 중 5분의 1이 특정 종교를 믿지 않는다고 밝혀 '무종교인'의 인종별 집계에서 가장 큰 폭의 증가세를 보였다. 연령별로는 30세 이하 성인의 3분의 1이 무종교라고 밝혀 9%대를 기록한 65세 이상 고령자에 비해 압도적으로 높았다. 이는 미국인 중 갈수록 '무종교'의 비율이 높아지게 될 것임을 시사하는 대목이다. 이번 조사는 성인 남녀 약 3천 명을 대상으로 실시했으며, 전체 인구 중 개신교도 비율 관련 조사는 그보다 많은 1만 7천여 명의 응답을 받았다.

인터넷 기사를 잠시 인용했습니다. 우리나라에 그리스도

교, 엄밀하게 말해 개신교를 전해준 미국 개신교가 가라앉고 있다고 합니다. 물론 어제 오늘의 일이 아니지만 이제는 인구 전체의 반 이하로 내려갔다니 소수파로 전락하게 되었습니다. 반면에, 어떤 종교도 갖지 않는 무종교인이 급격하게 늘어나는데다가 이마저도 젊은 층에서는 노인층보다 세 배 이상의 비율이라 합니다. 미래의 모습이 어떠할지는 논란의 여지가 없어 보입니다. 앞으로는 종교의 의미를 부정하거나 아예 '종교적 인간'이기를 거부하는 사람들이 더 많은 세상이 될지도 모른다는 예상을 하지 않을 수 없게 된 상황입니다.

왜 이렇게까지 되었을까요? 간단하게 되짚어봅시다. 그리스도교의 배경이 되는 서구문화사에서 고대는 초대교회 교부들이 고백했던 것처럼 복음의 세계화를 위한 정신문화적 토양이 다져지는 때였습니다. 이를 토대로 중세는 가히 종교가, 아니 그리스도교가 지배하던 시대였습니다. 당시 로마제국을 중심으로 한 세계 지배의 기틀이기도 했습니다. 핍박받던 '순교자의 종교'가 군림하는 '황제의 종교'로 등극하면서 한편으로는 세계화의 발판이 마련되었지만, 다른 한편으로는 힘의 추구를 공분모로 하는 정치권력과의 결탁으로 많은 문제를 야기했습니다. 그러다가 과학이 열어준 새로운 시대인 근세는 중세까지를 지배했던 그리스도교로부터 벗어나는 탈종교화를 기치로 내건 세속화 시대의 서주(序奏)로 시작했습니다. 그러나 이것도 잠시였고 곧 단순히 종교의 굴레를 벗어나는 탈종교를 넘어서 종교를 적극적으로 비판하는 반종교가 우리 시대인 현대의 시작을 알렸습니다. 일단 이렇게 전개된 흐름은 걷잡을 수 없는 듯 더 나아가 종교의 의미를 부정하고 근자에 이르러서는 급기야 종교적 인간이기를 거부하는 무종교로까지 나가게 되었습니다. 죽음으로 지어지는 한계를 넘어서려는 초월 지향성을 아예 부정하고 "나 그냥 이렇게 살다가 죽을래! 그러니 날 건드리지 마!"라는 식으로 살아가는 신인류가 점차로 확산되어가는 양상입니다. 이런 상황에서 종교에 대해, 신앙에 대해 생각한다는 것이 시대착오적인 봉창을 두드리는 소리가 아닌가 하는 찝찝함이 없지 않아 보입니다.

그러나 이런 상황을 자세히 들여다보면 오히려 종교에 대해 되살펴야 하는 이유를 발견하게 됩니다. 도대체 탈(脫)종교-반(反)종교-무(無)종교라는 일련의 현상은 왜 일어난 것일까요? 역설적일 것도 없이 당연하게도 그것은 종교 때문입니다. 종교가 인간에게, 사회에서 저질러온 짓거리에 대한 인간과 사회의 반응이기 때문입니다. 바로 그렇기 때문에 종교에 대해 되돌아 살펴야 합니다. 물론 그렇다고 인간이나 사회는 아무런 책임도 없다는 것은 아닙니다. 종교를 인간과 떼어놓고는 그 발생 연원조차도 생각할 수 없다면 아예 그런 분리란 불가능하기 때문입니다. 그러니 문제를 풀기 위해 믿음에 대해 되돌아보아야 합니다. 물론 종교나 믿음을 위해서가 아니라 인간을 위해서입니다. 이 목적은 당연한 것이지만 당연한 것만큼 분명해야 합니다. 그렇지 않으면 또 종교주의나 신앙주의로 빠짐으로써 거꾸로 탈종교-반종교-무종교를 더욱 부추기게 될 것이기 때문입니다. 역사적으로 무수한 무신론들이 편협하고 억압적인 유신론들에 대한 반작용으로 일어났다는 점을 상기한다면 그 책임이 종교에게 있고, 결국 인간에게 있다는 것은 재론의 여지가 없습니다.

그래서 다시 묻습니다. 믿는다는 것은 무엇인가요? 특히 현대인들에게 종교나 믿음이란 과연 무엇인가요? 아니 무종교인들이 이런 물음의 뜻을 수긍하기나 할까요? 그런데 바로 그렇기 때문에 이 물음을 물어야 합니다. 종교를 반대하거나 인간의 종교성 자체를 아예 거부하는 사람들도 사실상 '내가 믿고 싶은 대로 믿고' 있기 때문입니다. 미안하지만 자기성찰을 하지 않기는 이런 사람들도 마찬가지입니다. 그러니 어떤 입장에서든지 물어야 한다는 것은 분명합니다. 그렇다면 종교를 부정하는 무종교인들에게, 그리고 또한 열심히 믿는 사람들에게 믿는다는 것은 과연 무엇인가요?

그런데 사실 이 물음은 앞서 살폈던 '무엇을 믿는가?'라는 물음과는 정반대로 막상 대답을 하려면 너무도 막연합니다. 앞서 말한 대로 '무엇을 믿는가?'라는 물음은 그 방향이 바깥을 향해 나가니 무수한 대답들을 끌어들일 수 있습니다. 물음보다 대답이 먼저 나왔고 그 대답을 위해 그렇게 물었으니 이미 그럴 수밖에 없는 것이었습니다. 그런데 이제 내 안으로 파고드는 듯이 보이는 '믿는다는 것은 무엇인가?'라는 물음은 별로 묻지도 않았을 뿐더러 믿음에 대해 의심이나 회의를 일으킬 수도 있으리라는 혐의 때문에 더욱이 물어서는 안 될 것처럼 여겨졌습니다. 바로 이런 이유로 이 물음에 대해 답하려면 난감하기까지 합니다. 믿음과 '무엇'을 이으면서 나올 수 있는 두 개의 물음이 이토록 대조적인 형편에 처하게 되는 것이 꽤 오묘한 일이기도 합니다.

 '믿는다는 것은 무엇인가?'라는 물음을 물으면 혹시 성서에 익숙한 분들은 이내 히브리서 11장을 떠올리기도 할 것입니다. 그러나 우리는 믿음을 되돌아보기 위해, '묻지마 믿음'을 묻기 위해, 거리두기를 해야 한다는 것을 시작부터 강조했습니다. 즉 그리스도교와 교회로부터 거리를 두어야 되돌아볼 수 있고 되물을 수 있습니다. 그리고 그러기 위해서는 그 밖으로 나가야 하며 이를 위해 서로 소통되지 않는 종교언어와 일상 언어 사이의 벽을 허물어야 한다고도 했습니다. 이런 되돌아보기는 그리스도교나 교회 안팎이 서로 소통할 수 있기 위해서뿐 아니라 그리스도교나 교회 자체를 위해서도 중요한 것입니다. 그래서 가능하면 교회 바깥의 말로, 일상 언어로 답을 시도해보고자 합니다.

 그래서 다시 묻습니다. 믿는다는 것은 무엇인가요? 떠오르는 생각들을 나열해보자면, 어떤 것을 그렇다고 받아들이는 동의나 인정 또는 수용인가요? 아니면 무엇인가 가슴에 새겨지고 일어나는 느낌이나 기분인가요? 혹 그것도 아니라면 손발 걷어붙이고 움직이는 행동이나 수행인가요? 이것만도

저것만도 아니라면 도대체 믿는다는 것은 무엇인가요? 몇 가지를 열거해보아도 막연하기는 마찬가지인 것 같습니다. 그래서 여기서는 '믿음을 무엇으로 하는가?'라는 물음으로 살짝 옮김으로써 실마리를 풀어도 좋겠습니다. 다시 말해서 '우리 안에서 믿음은 도대체 어디에서 일어나는가?'라는 물음으로 고쳐 물어도 좋겠다는 것입니다. 그런데 이렇게 묻는다면 대체로 '마음'이라고 대답할 것입니다. '신앙'이라는 말에다가 마음 '심(心)'이라는 글자를 붙여 '신앙심'이라고도 하고 또 '신심(信心)'이라는 말을 쓰는 것도 그 좋은 증거입니다. 게다가 믿음에 해당하는 한자어 '신(信)'을 이루고 있는 인(人)과 언(言)이 각각 '사람'과 '말'을 가리키니 믿음이란 '사람의 말로 새겨진 뜻' 또는 '사람에게 새겨진 말/뜻' 등으로 풀어볼 수도 있겠습니다. 그런데 말이란 마음에서 나오기도 하고 마음을 담아내기도 하니 믿음이란 '사람의 마음에 새겨진 말/뜻'이거나 '사람의 마음을 담아내는 말/뜻'이라고 풀어도 좋겠습니다.

여기서 믿음의 자리가 마음이라는 것이 옳은지 그른지는 나중에 살피겠습니다. 우선은 마음이란 무엇인가를 살펴봅시다. 생각하는 것도 마음이 하는 일이고, 느끼는 것도 마음이

하는 일이며, 뭔가 뜻을 품는 것도 역시 마음이 하는 일입니다. 마음을 굳이 정신(精神)이라고 한다면 생각은 지성(知性), 느낌은 감정(感情) 그리고 뜻은 의지(意志)로 각각 정리될 수 있습니다. 동서고금을 막론하고 받아들여지는 정신의 세 요소인 지, 정, 의라는 것입니다. 그런데 이렇게 세 가지이기만 할까요? 그렇다면 왜 그럴까요? 이미 이렇게 분류해왔으니 그저 당연하게 받아들이기도 하지만, 왜 그런지 간단하게라도 짚고 넘어가는 것이 앞으로의 이야기를 위해서도 뜻이 없지 않습니다. 해서 잠시 살피겠습니다.

고대로부터 이미 지성과 감정은 팽팽한 대립으로 서로 만날 수 없을 것 같은 평행관계를 엮어왔습니다. 그리스도교의 태동 이전 신화시대에도 이미 태양신 아폴론으로 표상되는 지성을 근거로 하는 합리주의와 광란의 신 디오니소스로 상징되는 감정에 호소하는 신비주의의 대립이 양대 전통을 이루었습니다. 이러한 대조가 그리스도교의 신관에도 반영되었으니 라틴 계열 서방교회의 합리주의와 그리스 계열 동방교회의 신비주의로 이어졌다는 것은 역사의 상식입니다. 그런데 지성과 감정은 그 둘 사이의 그러한 대조에도 불구하고 그리스도교가 표방하는 신의 인격성과 자유를 담아내기에는 역부족이었습니다. 지성은 그 본성으로서 보편성, 동일성, 무한성, 영원성 등과 함께 필연성으로 인하여 자유를 담보하기 어려웠고, 감정은 수동적인 반응이 지니는 불가피성으로 인하여 역시 자유와는 거리를 둘 수밖에 없었습니다. 결국 어디에도 속할 수 없는 제3요소로의 의지가 자유와 인격성의 근거로 절실하게 요청되었으니 이것이 중세를 마감하고 새 시대인 근대를 여는 주요 동인 중의 하나가 되었던 것입니다. 그리고 이로써 중세 말기에서 근세 초기에 걸쳐 명실공이 지-정-의라는 삼각구도가 형성되었습니다. 그 이후의 역사는 이를 둘러싼 다양한 사조들이 인간의 정신문화 활동에 반영되는 과정이라고 하겠습니다. 그러다가 우리 시대인 현대로 넘어오면서는 지, 정, 의로 이루어진 정신이 육체와 따로 놀아서는 안 되리라는 통찰이 공유됨으로써 전인성 회복을 위한 시도들이 펼쳐지는 상황이라 하겠습니다.

 잠시 지성과 감정 그리고 의지로 추려지게 된 역사를 살폈습니다. 이렇게 해서 셋입니다. 그 이외에 무엇이 더 있는지 뒤져보아도 좋겠지만 역시 이 셋 중 어느 하나로 추릴 수 있습니다. 동서고금을 막론하고 동의되는 정신의 세 요소입니다. 이러한 정신요소들이 진하게 반영되는 정신문화 활동인 문학이나 예술 등에서 펼쳐지는 다양한 사조들도 그 좋은 증거가 됩니다. 예를 들면, 문학의 경우 시나 수필, 소설 등 장르를 막론하고 각 요소의 집중적인 표출에 따라 주지주의, 주정주의, 주의주의로 나뉘는 사조들을 떠올려도 좋겠습니다. 음악이나 미술에서도 지성이 받쳐주는 고전주의, 감정이 띄워주는 낭만주의, 의지로 엮어지는 사실주의 등도 역시 정신의 세 요소가 저마다의 특성을 강조하면서 나타나는 다양한 사조들입니다. 이렇듯이 인간의 정신문화 활동은 정신의 세 요소를 싸고 돌아가는 다채로운 모양으로 나타납니다. 여기서 종교라고 예외일 수 없으니 믿음에서도 역시 그러한 원리와 방식이 그대로 작동하고 있음을 확인할 수 있습니다. 믿음이 일어나는 자리로서의 마음이 이러한 갈래들로 이루어진 것이라면 믿음의 꼴이 또한 그러한 마음의 갈래들과 떼려야 뗄 수 없는 사이가 될 것은 너무도 당연하기 때문입니다.

그렇다면 믿음은 구체적으로 무엇인가요? 우선 생각하는 마음에서 믿음은 '무엇을 믿는가?'라는 물음에 대한 대답을 추리고 받아들이며 새기는 것을 가리키지 않을까 합니다. 지성적인 신앙 유형이니 성경공부나 교리학습을 중시하는 태도가 좋은 예에 해당합니다. 믿음은 당연하게도 견고한 지식과 이론적 통찰이 그 중심이 되어야 한다고 생각하고, 이를 연마해가는 과정을 중요하게 여깁니다. 지성적 신앙은 더욱 파고 들어가는 방식을 취하는 것이 일반적인 모습입니다. 전통적으로 주어지고 추려진 교리와 이를 기준으로 하는 성경 해석에 대해 받아들이고 인정하는 동의(assensus)의 태도를 가리킵니다. 또한 느끼는 마음은 감정적 신앙으로 향할 터이니 예배나 부흥회와 같은 종교적 행위를 통한 정서적 감동을 추구합니다. 요즘 유행하기도 하는 '경배와 찬양'은 그 예에 해당합니다. 감정적 신앙은 단순 반복에 의한 상승효과를 통한 감정고취를 도모하는 방식을 취하는 것이 일반적입니다. 물론 이렇게 함으로써 자신을 온전히 전적으로 맡기고 의존하는 마음을 최대한으로 드높입니다. 말하자면 절대적인 의존과 전적인 신뢰(fiducia)입니다. 그리고 뜻하는 마음에서 믿음은 삶의 현실을 위해 도덕을 강조하고 실천적 행동을 지향합니다. 열심히 배우고 공부하거나 함께 모여 감정을 고취하는 것이라기보다는 모름지기 구제와 봉사 등 실천에 이르러야 비로소 믿음이라는 것입니다. 이러한 의지적 신앙은 부단히 밖으로, 앞으로 나아가는 행동의 방식을 취하는 것이 일반적입니다. 현실의 삶에서 믿음을 충성과 충실(fidelitas)로 새기는 태도입니다. 이렇게 본다면 마음의 세 갈래는 문학이나 예술 등의 정신문화활동은 물론이거니와 종교와 신앙에서도 나름대로 중요한 뜻을 지니고 역할을 담당하고 있는 것은 분명합니다. 그리고 이러한 갈래와 이에 따른 방식들이 공히 믿음을 이루는 중요한 유형들임은 두말할 나위가 없습니다. 간단히 표로 정리해봅시다.

마음의 갈래에 따른 믿음의 꼴들

정신 요소	신앙 유형	초점
지성	동의	성경, 교리
감정	신뢰	열광, 부흥
의지	충실	도덕, 실천

여기서 우리가 주목해야 할 것이 있습니다. 그것은 어느 한

사람에서도 마음을 이루는 이 세 요소가 균등하게 배분되어 있지 않고 어느 한쪽으로 쏠려 있다는 점입니다. 말하자면 어느 누구도 예외 없이 한쪽으로 쏠린 채로 지어졌거나 생겨먹었습니다. 그러기에 세 요소에 따른 성격과 심리 유형 분류가 일반적으로 받아들여지고 있기도 합니다. 앞서 말한 대로, 문학의 경우 주지주의, 주정주의, 주의주의 등으로 다양한 사조를 이루거나 음악이나 미술에서 고전주의, 낭만주의, 사실주의 등으로 나타나는 것도 사실 한 사람 안에서 정신의 세 요소 중 어느 한 요소가 집중적으로 지배적이라는 데에서 그 이유를 찾을 수 있습니다. 종교도 예외가 아니니 앞서 말한 대로 신앙이 세 갈래의 유형으로 나타나게 되는 것입니다. 그리고 바로 이미 그렇게 생겨먹고 쏠린 대로 믿기 때문에 '내가 믿고 싶은 대로 믿고 있는 하느님'에서 시작할 수밖에 없기도 합니다.

이 대목에서 이에 대한 증거로 그리스도교 신학의 역사를 잠깐 훑어보아도 좋을 것입니다. 긴 역사를 간단히 보는 것이 겉핥기이기는 하지만 그게 또 곧바로 나무들로 빠지지 않고 나름대로 숲의 꼴을 살피는 길이 될 수도 있습니다. 그런 정도의 감각으로 살펴봅시다. 그리스도교 역사는 사실 서구 정신문화사의 시작이라고 말하는 고대가 한창 무르익은 절정기를 지나고서 태동하기 시작합니다. 초대교회 교부들은 바로 이 시기를 일컬어 '복음의 준비'라고도 했지요. 하여튼 그렇게 시작한 그리스도교 역사에서 초대와 중세는 우리가 앞서 물었던 '무엇을 믿는가?'라는 물음에 집중했습니다. 그러니 하느님에 관한 이야기, 이른바 신론(神論)이 발달하는 것은 당연한 일이었습니다. 이러한 신론을 이루는 사조들로는 합리주의, 신비주의 그리고 의지주의로 분류되는 거대한 사조들이 있습니다. 이러한 사조가 공교롭게도, 아니 당연하게도 정신의 세 요소에 따른 신론이었음은 두말할 나위도 없습니다. 그러다가 과학이 그러한 형이상학과 이에 바탕을 둔 신학에 반동을 일으키면서 새로운 시대인 근세가 열리게 됩니다. 이 근세는 지금 우리가 다루고 있는 '믿는다는 것은 무엇인가?'라는 물음으로 옮겨갑니다. 말하자면 신(神)에서 신(信)으로 초점이 이동하는 것입니다. 과연 이 시대는 천동설에서 지동설로의 대전환을 말하는 코페르니쿠스의 전회로 획이 그어지는 때인지라 당연하면서 자연스러운 것이기도 했습니다. 그러니 근세신학에서는 '하느님에 관한 이야기'가 아니라 '믿음에 관한 이야기'로 초점이 바뀝니다. 근세신학을 장식하는 정통주의, 경건주의, 자유주의의 세 사조가 바로 그것입니다. 여기서 정통주의가 마음의 갈래 중 지성에 근거한 것이고 경건주의가 감정에서 연유되는 것이라면 자유주의는 의지에서 촉발되는 것이라 하겠습니다. 이렇듯이 마음의 세 갈래들은 신(神)에서 신(信)으로 초점을 옮겨가면서까지 집요하게 작동하고 있었으니 신관이든 신앙관이든 그러한 세 갈래 중 한쪽으로 쏠려 작동하는 마음의 방식과 떼려야 뗄 수 없을 정도로 얽혀져왔다는 것입니다. 결국 마음의 갈래 중 한쪽으로 쏠리도록 생겨먹은 채로 하느님도 보고 믿음의 모양새도 추슬러왔다는 것입니다.

그렇다면 왜 이렇게 마음의 세 갈래 중에서 어느 한쪽으로 쏠리도록 생겨먹었을까요? 만일 마음의 세 갈래가 완벽하게 똑같이 나누어진 채로 한 사람의 마음을 이루었다면, 그래서 모든 사람들의 마음이 똑같은 요소들의 똑같은 구성 비율로 이루어졌다면, 아마도 이 세상에는 갈등과 충돌이 없었을지도 모릅니다. 그러나 만일 그랬다면 그러한 세상에는 도대체 다른 사람들이 나에게는 재미도 없고 의미도 없지만 더욱이 필요하지도 않게 될 것입니다. 그런데 다른 사람이 필요하지 않은 세상은 어떤 세상일까요? 상상해보십시오. 아마도 갈등과 충돌이 없는 것 이상으로 사르트르를 따라 "타인은 모두 지옥"이라는 절규를 저마다 서로에게 소름끼치도록 뿜어내게 되지 않을까 싶습니다. 이쯤 하게 되면 하필 이토록 서로 다르게 생겨먹거나 지어진 이유가 여실하게 드러나지 않을 수 없습니다. 다시 말하면, 우리의 마음 갈래에서 어느 한쪽으로 쏠려 있는 것이 긴장과 갈등의 요인이 되기는 합니다. 하지만 바로 그렇기 때문에 나와는 다른 남에게서 배우고 남을 통해서 깨달음으로써 나의 삶을 더욱 뜻있고 넉넉하게 엮어갈 수 있게 됩니다. 결국 나 자신을 위해서도 그러한 남이 절실히 필요하게 됩니다. 말하자면 그렇게 다른 사람을 필요로 할 정도로 서로 다르게 지어진 것은 바로 그렇게 다른 사람들과 더불어 살아가라는 조물주의 창조섭리가 아닐까 싶습니다.

그런데! 문학이나 예술에서는 서로 다름이 다양한 사조의 원천이 되는 데에 비해서 종교의 영역에서는 한쪽으로 쏠림에 의한 서로 다름 사이에서 저마다 자기의 방식만을 고집하거나 가장 우월한 것으로 간주하는 경향을 지닌다는 데에 문제가 있습니다. 예를 들면, 지성적 신앙은 지적인 희열을 종교적 충만으로 간주하는 경향을 지닙니다. 이러한 태도는 성경이나 교리를 지나치게 강조한 나머지 '성경은 하느님의 말씀'이라는 성경관을 문자 그대로 새기는 성경주의나 교리로 모든 것을 재단하려는 교리주의로 전락하기 십상입니다. 그런데 그러한 성경주의는 성경을 법전처럼 간주하면서 성경과 하느님의 말씀을 기계적으로 같은 위치에 놓으려는 태도입니다. 근본주의적 문자주의가 그 예에 해당할 터인데, 이는 성경의 위상을 하느님의 자리에 올려놓음으로써 결국 의도하지는 않았지만 하느님을 성경 안에 가두게 되는 신성모독의 잘못을 범하게 됩니다. 이런 사례를 개신교 역사에서 살필 수 있다면 다른 한편, 교리주의가 저지른 폐해들은 가톨릭교회 역사에서 무수히 찾을 수 있습니다. 무수한 종교재판과 이에 의한 희생들은 새삼스레 열거하지 않아도 좋을 것입니다. 그런데 이러한 지성적 신앙은 그러한 믿음만이 옳다거나 가장 좋은 것이라는 '교만'에 빠질 수밖에 없습니다. 주지주의적 신앙의 문제입니다.

다른 한편으로, 지성이라는 것이 생각을 전제하고 의지라는 것이 행동을 요구하는 데 비해 그 특성상 수동적이어서 가

장 손쉽게 작동하는 것처럼 보이는 감정을 봅시다. 종교생활을 아주 뜨겁게 하는 경우, 진실한 열정일 수도 있지만 자기의 종교 감정을 사랑하고 결국 몰아지경에서 자기를 찬양하는 경우도 적지 않습니다. 물론 그렇게 하는 자신은 그런 줄을 모르겠지요. 이런 부류의 신앙 유형은 쉽게 잘 뭉칩니다. 그래서 우리나라에서는 '잘살아보세'라는 구호와 함께 경제성장이 급속도로 이루어진 것과 같이 교회성장도 거의 같은 시기에 동시다발적으로, 그리고 급속도로 이루어졌습니다. 이 과정에서 결정적인 견인차는 누가 뭐라 해도 감정의 응집과 분출의 거대한 용광로를 제공해준 교회의 대형화라 할 것입니다. 규모가 클수록 더욱 효과적이기 때문이지요. 그런데 감정이라는 것이 달구어져야만 그 생리가 작동하니 조금이라도 식을라치면 다시 달구어야 하고 그러기 위해 대형교회도 모자라 이곳저곳 '부흥회'를 뛰어다니던 모습들이 유행하던 시절이 있었습니다. 그리고 그 시절이 교회성장의 절정이었습니다. 그러다가 요즘에는 모양새를 조금 달리해서 '경배와 찬양'이 교단과 교파를 막론하고 대세입니다. 모양이야 어찌 되었든지 부흥주의나 열광주의의 욕구를 계속 충족시켜주는 목회를 요구하고 이에 부응하는 방식으로 운영되는 것이 일반적입니다. 물론 열성적인 신앙생활이라고 할 수도 있지만 주일날 하루 종일도 모자라 수요일, 아니 월요일부터 일주일 내내 교회 안에서 분주하게 돌아가는 생활패턴을 잘 짜줄수록 좋은 교회인 것처럼 움직이는 방식입니다. 그러니 믿음의 영역을 교회 안에 가두는 교회주의로 이어질 가능성이 아주 큽니다. 결국 감정적 믿음은 종교적 감동을 최고의 목표로 추구하는데 열광적인 분위기를 지속하기 위해서 감정의 불쏘시개에 계속 기름을 부어야만 합니다. '착각'을 불사하면서 말입니다. 주정주의적 신앙의 폐해라 하겠습니다.

그런가 하면, 지성적 믿음과 감정적 믿음 모두 교회 안과 밖 사이에 높은 담을 쳐놓고 그 안에서 자기만족에만 머무르는 신앙으로 간주하고 교회 밖으로 분연히 나아갈 것을 열심히 주장하는 의지적 믿음이 있습니다. 이 믿음은 당연하게도 지성적인 믿음이나 감정적인 믿음만으로는 불충분할 뿐 아니라 결국 믿음이 아니라고까지 거품을 물곤 합니다. 모름지기 지식이나 기분이 아니라 행동으로 실천해야만 비로소 믿음이니 지성과 감정만 가지고는 어림없다는 것입니다. 실천하지 않는다면 믿음도 아니라는 것입니다. 그래서 어려운 이웃들을 향해, 노숙자들에게 열심히 밥 퍼주고 옷 입혀주고 봉사합니다. 아주 훌륭한 일입니다. 또 이들 덕분에 사회가 따뜻해지기도 하고 그나마 교회가 칭찬을 받기도 합니다. 그런데 이러한 의지적 믿음은 실천적 행위를 위해 도덕을 강조하게 되는데, 때로 도덕의 잣대로 사람을 죽이고 살립니다. 또한 겉으로 드러나는 업적에 대한 관심으로 점차로 기울어질 소지가 많습니다. 그래서 결국 사람을 억누르는 도덕주의로 변질되거나 실천을 명분으로 하는 '독선'에 사로잡힐 가능성이 농후합니다. 주의주의적 신앙의 폐단입니다.

마음의 갈래에 따른 믿음 꼴의 일그러짐

정신 요소	신앙 유형	초점	왜곡	파행
지성	동의	성경, 교리	성경주의 교리주의	교만
감정	신뢰	열광, 예전	열광주의 예전주의	착각
의지	충실	도덕, 행동	도덕주의 행동주의	독선

결국 각각의 갈래가 모두 그만한 역할을 하고 또 그럴 듯한 뜻도 지니고 있지만 어느 갈래이든 한 부분에만 치우치게 되면 이러한 왜곡은 피할 길이 없어 보입니다. 왜 그런가요? 단적으로, 문학이나 예술은 삶의 표현방식이지만 믿음은 삶 자

체이기 때문입니다. 문학이나 예술의 다양한 사조들은 삶 전체를 대상으로 하면서도 특정한 각도와 관심에서 읽어내어 곱씹고 즐기며 또 겪어내는 방식이지만, 믿음은 특정한 각도나 관심에서가 아니라 삶의 전 영역에 펼쳐져야 하는 것이기 때문입니다. 믿음과 삶이 온전하게 일치되는 것이 이루지는 못할지라도 향해가야 하는 목표라는 것은 바로 이를 가리킨다고 하겠습니다. 그러기에 믿음의 자리가 삶의 전 영역이 아니라 마음에만, 마음 중에서도 한 갈래에만 머물게 되면 안정을 구하려는 믿음은 그러한 갈래들 사이의 긴장을 견디지 못하고 쏠려진 한쪽을 붙들고 늘어지게 됩니다. 결국 부분을 전체로 둔갑시키는 환원주의의 오류에 빠지게 됩니다. 그것도 생겨먹은 꼴에 따른 방식으로 말입니다. 그래서 '내가 믿고 싶은 대로 믿고 있는 하느님'에서 시작할 수밖에 없는 것입니다. 앞서 말한 것처럼 이런 출발은 그 자체로 잘못은 아닙니다. 그러나 여기에 머무르면 문제가 생깁니다. 그렇게 되면 자기만이 옳다고 하는 자기도취와 그것을 절대화하는 우상 숭배로 빠지기 때문입니다. 그런데 자기도취와 우상 숭배는 스스로 진단조차 할 수 없다는 데에 더욱 심각한 문제가 있습니다. '묻지마 믿음'의 모습입니다. 나의 출발점이 '내가 믿고 싶은 대로 믿고 있는 하느님'이라는 것을 겸손하게 인정하지 않으면 '하느님 그대로의 하느님'인 줄로 착각하게 된다는 것이 바로 이를 두고 하는 말입니다. 그러니 '하느님 그대로의 하느님'이라고 주장하는 것은 그저 되돌아보지 않았다는 문제만이 아니라 자기 도취와 우상 숭배로 빠지게 되는 심각한 문제를 지니고 있다는 점이 다시금 강조되어야 합니다.

이제는 믿음의 자리를 그저 마음으로만 머물게 해서는 안 될 일입니다. 하느님과 관계함으로서의 믿음이 사람의 어느 한구석으로만 한정시키는 것은 어불성설이요, 언어도단이기 때문입니다. 말하자면 지성, 감정, 의지라는 마음의 세 갈래를 다 묶어봤자 정신인데 믿음이 육체 없이 정신에만 자리한다고 해서도 안 될 일입니다. 하느님과 관계하는 행위로서의 믿음에 우리가 전 존재로 참여해야 하는 것이라면 믿음의 자리는 정신과 육체의 분리 이전의 전인(全人) 즉 '통사람'이어야 합니다. 그리고 이를 한 마디로 푼다면 곧 '삶'이라고 할 수 있습니다. '삶'이라고 하면 당연하지만 그래서 또 막연하여 아무런 뜻도 지니지 않은 것처럼 생각하는 관습이 우리에게 있습니다.

그러나 '삶'이야말로 새삼스럽게 되돌아 새겨야 할 가장 중요한 것입니다. '삶'이란 그저 생물학적 생명현상을 가리키는 자연적인 개념만이 아니라 마음의 세 갈래가 몸과 한데 뒤엉킴으로써 엮어내는 복잡다단하면서도 단순한 사람의 얼과 꼴을 가리킵니다. 더욱이 그 반대말처럼 보이는 '죽음'과 떼려야 뗄 수 없는 관계에 있으니 여기서 '삶'이란 '삶과 죽음의 역설적 얽힘'이 그 본래의 뜻이라고 하겠습니다. 굳이 앎과 견준다면, 앎은 그 반대인 모름과 평면적인 땅따먹기를 하는 관계이기에 앎이 커지면 모름이 줄어들고 또 이것을 목적으로 하지만, 삶은 그 반대처럼 보이는 죽음과 한데 얽혀서야만 비로소 그 뜻을 지닐 수 있기에 입체적인 얽힘이라 하겠습니다. 혹 앎이 더 커지면 모름이 더욱 더 커지는 경우가 있을 터인데 이는 앎의 차원에서가 아니라 죽음과 얽힌 삶의 차원에서 일어나는 일입니다. 이것이 바로 전체로, '통사람'으로, 새겨가면서(visio) 살아가는 삶의 뜻입니다. 오늘날 유행처럼 회자되는 영성(靈性)이라는 것도 바로 이것을 가리킵니다. 영성은 지성, 감정, 의지에 이어서 따라 나오는 제4요소가 아니라 이를 모두 아우르는 마음과 내밀려졌던 몸이 하나인 '몸'의 차원으로서 삶을 일

컵습니다. 결국 믿음의 자리는 곧 삶이고 그래야 마땅합니다. 즉 믿는다는 것은 곧 그렇게 산다는 것입니다.

이렇게 해서 우리는 믿음의 영역을 마음의 갈래로부터 삶의 모든 영역으로 펼쳐내었습니다. 그리고 이는 마땅한 과제이기도 합니다. 말하자면 믿음과 삶의 일치입니다. 그리고 이것이 바로 믿음이 행위의 차원을 지니지 않으면 믿음이라고도 할 수 없는 이유입니다. '행위 없는 믿음은 죽은 믿음'이라는 말이 있습니다. 그러나 그보다도 더욱 진하게 새겨야 할 것은 '행위 없는 믿음'이라는 말이 성립조차 할 수 없다는 점입니다. 행위가 없으면 아예 믿음이 아니기 때문입니다. 이제는 '믿음과 행위의 관계'라는 ― 성립할 수 없으면서도 공연히 엄청난 오해만 불러일으키는 ― 문제를 더 이상 왈가왈부하지 맙시다. 같은 맥락에서 그리스도교가 믿음과 사랑을 함께 강조하지만, 사랑은 비당파적이고 이타적인 데 비해 믿음은 당파적이고 이기적이라는 대비가 우리를 곤혹스럽게 하는 현실에 대해 되돌아보아야 합니다. 예수의 대속 십자가만을 복음으로 붙들고 늘어지는 이기적인 믿음에 대해 예수의 삶과 죽음을 따라 살아가는 실천을 강조하는 외침이 그리스도교 밖에서, 그리스도교를 향해 나왔다는 사실에 대해서도 주목해야 합니다.

그러나 '그렇다면 그냥 그렇게 열심히 사랑하고 실천하면서, 수양하고 수행하면서, 착실하게 잘 살면 될 일이지 굳이 믿어야 할 까닭은 무엇인가?'를 묻지 않을 수 없습니다. 이래서 우리는 더 깊은 뿌리 물음으로 들어가게 됩니다. 이것은 이미 '믿는다는 것은 무엇인가?'라는 물음이 깔고 있으면서 동시에 향하고 있는 물음이기도 합니다. '왜 믿는가?'

3

왜 믿는가?

그렇다면 사람들은 도대체 왜 믿을까요? 대답하려면 다소 당혹스러울 수도 있습니다. 그러나 이 물음은 사실상 '믿는다는 것은 무엇인가?'라는 물음 아래 깔려 있는 물음입니다. 뿐만 아니라 '무엇을 믿는가?'보다 앞서 물어야 할 물음입니다. '왜'가 그럴 듯하게 깔리지 않고서야 '무엇'이 무엇이든 별 뜻을 지니지 않겠기 때문입니다. 그럼에도 불구하고 교회사에서 '왜 믿는가?'라는 물음은 믿음에 대해 의심과 회의를 일으키는 불경스러운 시비라는 혐의와 함께 신성모독의 죄명이 뒤집어 씌워진 채 억눌려왔습니다. "믿는다면 무조건 믿을 일이지 어디서 감히 '무조건적인 믿음'에 대해 '왜'를 묻는가?"라는 불호

령과 함께!

그러나 '왜 믿는가?'라는 물음은 단지 이런 이유로 물어지지 않았을 뿐 어느 누구도 예외 없이 그 물음에 대한 대답을 저마다 삶의 뿌리에 깔고 있습니다. 단지 묻지 않았으니 나름대로의 대답을 저마다 가지고 있다는 사실이 드러날 겨를이 없었을 따름입니다. '묻지마 믿음'의 모습입니다. 애써 이 물음을 새삼스러이 물어야 하는 이유가 바로 여기에 있습니다. 그렇게 묻지 않으면 비록 의식하지 못할지언정 저마다의 대답을 굳건히 다져감으로써 결국 자기우상화의 굴레에 빠지는 줄도 모르게 빠질 수밖에 없기 때문입니다.

정말로 다시 묻습니다. 도대체 왜 믿을까요? 믿음의 이유를 말하자면 여러 가지가 있을 수 있습니다. 흔한 대답들을 좀 열거해본다면, '천당 가기 위해서', '잘 살기 위해서', '잘 죽기 위해서' 등 여러 모양의 표현들을 들 수 있을 것입니다. 마침 '살기'와 '죽기'라는 반대말이 한꺼번에 나왔는데 이 맥락에서는 공교롭고도 오묘하게도 같은 뜻입니다. 그러나 그 대답이 아무리 다양하더라도 이를 모아 그리스도교적으로 표현한다면 대체로 '구원'과 관련될 것입니다. 말하자면, '왜 믿는가?'라는 물음에 대해 결국 '구원받기 위해서'라는 대답으로 추려진다는 것입니다. 그렇지 않고서야 도대체 종교라고, 복음이라고 할 수도 없겠기 때문이지요. 이 물음에 대한 이 대답은 재론의 여지가 없어 보입니다.

그런데 '구원'이란 말도 그 뜻이 여러 가지여서 서로 받아들일 수 없을 정도로 다르기도 합니다. 여기서 구원의 뜻이 우리의 초점은 아닙니다. 그러나 잠시 쉬어가면서 살펴보는 것도 뜻이 없지는 않습니다. 구원은 과연 무엇을 뜻하는가요? 이를 질러가기 위해 교리적인 표현을 동원해봅시다. 그러면 구원은 '죄와 죽음으로부터의 벗어남'으로 새길 수 있습니다. 죄와 죽음이 우리에게 불안과 공포로 다가온다면 벗어남으로서의 구원은 평안을 뜻하게 됩니다. 평안은 안정을 거쳐 안주로 이어집니다. 일단 평안해지면 이를 유지하기 위해 안정을 구하게 되고 안정은 그 경지를 영구적이게 하기 위해서 안주도 불사하게 됩니다. 문제는 여기에 자유가 끼어들 공간이 없다는 점입니다. 안정이란 노예의 생리를 일으키기 때문입니다. '노예의 편안함'이라는 표현은 이걸 가리킵니다. 아무 생각 없이 시키는 대로 하면서 먹고 살면 됩니다. 사실 우리가 믿음과의 관계에서 그 목적으로 설정하고 있는 구원을 대체로 이런 분위기에서 그려내고 있을 가능성이 적지 않습니다. 예수의 삶과 죽음이 보여주는 험난한 가시밭길의 고난은 물론이거니와 이에 대한 결단을 위한 고민은 근본적으로 예수의 몫이거나 기껏해야 진지한 종교지도자들의 역할일 뿐입니다. 우리는 그들의 고민과 고난의 결과로 주어진 달콤한 열매만 따 먹으면 됩니다. 이런 열매를 맛있고 풍성하게 잘 따주면 좋은 목회라고 거품 물면서 몰려듭니다. 물론 여기서 찬양되고 예배되는 궁극자는 자기 자신이지만 그렇게 하고 있는 자기 자신도 절대로 그렇다고 생각하지는 않습니다.

다른 한편으로, 죄와 죽음이 억압으로 겪어진다면 벗어남으로서의 구원은 자유를 가리킵니다. 자유는 과연 목숨과도 바꿀 만큼 소중한 것이었습니다. 그러나 그렇게도 소중한 자유를 우리는 또한 매우 꺼려합니다. 자유가 언제나 불안을 동반하기 때문이지요. 간단한 예를 들어볼까요? 일상생활에서 흔한 예로 선택의 자유를 생각해봅시다. 그 무엇인가를 선택하는 자유는 다른 것을 선택할 수 있는 자유와 함께 있습니다. 그럴 때 우리는 선택의 자유라고 합니다. 이때 하나를 선택하면 그 하나를 제외한 모든 것은 포기하는 것입니다. 그런데 이때 포기한 것들 중에 선택한 하나보다 더 좋은 선택이 있지 않을까 하는 불안을 피할 길이 없습니다. 내가 선택한 하나가 과연 최고인지, 또는 최선인지 하는 일말의 불안감 말입니다. 일생에서 가장 중요한 선택이라 할 수 있는 배우자를 선택하는 경우를 떠올려보시면 그 불안의 밀도는 더욱 진해질 것입니다. 그래서 우리는 이런 경우에 눈을 딱 감고 선택합니다. 아예 눈을 잘 감도록 조물주께서는 우리 눈에 '콩깍지'를 씌워주기도 하시고 '제 눈의 안경'을 씌워주기도 하십니다. 찰떡궁합이니 천생연분이니 하는 것들은 대체로 선택한 하나를 제외하고 포기한 모든 것들에 대해 눈을 감아버림으로써만 나오는 것이지요. 또 그래야 행복하고 즐겁게 살 수 있기도 합니다. 이것이 지혜롭게 사는 길이기도 하고요. 그런데 여기서 우리가 주목해야 할 것이 있습니다. 바로 그러한 선택에서의 자유가 언제나 불안을 함께 끌고 다닌다는 점입니다. 만일 이 둘이 떨어지면 어찌 될까요? 불안 없는 자유는 대책 없는 방종으로 전락하고 말 것이고, 자유 없는 불안은 대책 없는 절망으로 떨어지고 말 것입니다. 자유와 불안이 함께 갈 수밖에 없을 뿐 아니라 그래야만 하는 소중한 뜻이 여기에 있습니다. 그럼에도 불구하고, 아니 바로 그렇기 때문에 우리는 구원에 대해서는 불안을 끌고 들어오는 자유보다는 노예가 되더라도 안정을 줄 것으로 여겨지는 평안으로 새기려고 합니다. 맹목적인 복종을 통한 피학적인 쾌감의 매력이 결코 만만치 않기 때문입니다.

구원의 뜻이 이처럼 양 갈래로 갈라지니 오히려 우리가 주목해야 할 것은 처음으로 되돌아가서 '왜 믿는가?'라는 물음에 대해 '구원받기 위해서'라는 대답이 당연한 듯이 엮어내고 있는 '믿음과 구원의 관계'입니다. 한 마디로 '구원받기 위하여 믿는다'라는 너무도 당연한, 아니라면 도대체 믿을 이유가 없다는, 이 대답은 구원을 믿음의 목적으로 간주합니다. 말하자면 믿음과 구원을 수단과 목적의 관계로 설정하지요. 그러나 여기서 되돌아보아야 할 것이 있습니다. 믿음과 구원 중 무엇이 먼저인가요? 분명하게 이 관계에서는 목적은 나중에 이루어질 것이고, 수단은 지금 취해지는 것이니 수단이 먼저입니다. 즉 구원보다 믿음이 앞서게 됩니다. 일단 믿어야 그 다음에 구원을 받든지 말든지 하게 될 것이기 때문입니다. 그런데 과연 믿음이 먼저인가요?

그래서 다시 생각해봅니다. 구원은 하느님의 은총이라는 고백은 분명히 재론의 여지가 없습니다. 그리고 은총이라면 당연히 '무조건'이고 그러기 위해서 인간의 믿음을 포함한 어떠한 것보다 앞서는 '선행(先行)'이어야 합니다. 은총이란 인간의 노력과 업적은 물론 믿음까지도 포함한 어떠한 전제나 조건에 의해서도 영향을 받지 않는 하느님의 절대적 주권을 뜻하기 때문입니다. 그러니 믿음보다 구원이 당연히 앞서는 것입니다. 말하자면 구원은 인간의 가능성을 향한 하느님의 투자(divine investment to human possibility)입니다. 가능성은 나중에 이루어질 것이고 투자는 먼저 하는 것이니 구원이 믿음에 앞서는 순서가 분명합니다. 그런데 앞선 물음과 대답처럼 '구원받기 위하여 믿는다'라고 하면 구원이 믿음이라는 수단에 대한 목적이 됩니다. 말하자면 구원이 믿음과 조건적인 관계에 놓이게 됩니다. 그렇게 되면 우선 은총의 '무조건'이 손상됩니다. 아울러 수단이 목적보다 앞서 등장하는 것처럼 믿음이 구원에 앞서게 됩니다. 그리고 그렇게 됨으로써 믿음이 하느님의 구원에 대한 인간의 투자(human investment to divine salvation)로 역전됩니다. 이렇게 순서가 뒤집어지니 결국 은총의 '선행'에도 어긋나게 됩니다.

문제는 여기에서 머무르지 않습니다. '구원받기 위하여 믿는다'는 것이 일단 당연한 듯이 자리를 잡게 되면 한술 더 떠서 '믿음 때문에 구원받는다'는 데에 이르게 됩니다. 왜냐하면 수단이 목적을 언제나 보장하지 못하기 때문에 목적이 이루어질 것인가의 여부에 대한 일말의 불안감을 떨칠 수 없으니 보다 확실한 끈을 원하는 본능적인 요구가 믿음과 구원을 원인과 결과의 관계로 묶으려고 하기 때문입니다. 이제 원인과 결과의 관계는 목적과 수단의 관계에 비해 그 밀도가 훨씬 높아집니다. 반드시 그렇게 될 것이라는 성질이 더욱 강해지지요. 따라서 구원의 확실성에 대한 보장의 정도가 그만큼 더 높아지게 된다는 것입니다. 예를 들면, 신약성서 중 복음서에서 자주 나오는 표현으로 '네 믿음이 너를 구원하였다'라든지, 또는 서신에서 '믿음을 입술로 시인하여 구원에 이른다'는 구절들을 문자 그대로 따라 읽으면서 우리는 우리도 모르는 사이에 믿음과 구원 사이를 원인과 결과의 필연적인 관계로 단단히 묶어내게 됩니다.

그런데 수단과 목적의 관계에서는 그나마 목적에 무게 중심이 실리지만 이제 원인과 결과의 관계에서는 원인에 무게가 실립니다. 결국 믿음이 주도권을 쥐게 되고 구원은 부속품이 됩니다. 말하자면 믿음을 주고 구원을 받는다는 계산적인 거래(give & take) 분위기를 떨치기 어렵습니다. 믿음을 투자했으니 구원은 마땅히 주어져야 한다는 것입니다. 이처럼 인과율은 목적론보다 더욱 옹골찬 조건적인 관계일뿐더러 원인이 결과에 앞서니 믿음이 아예 구원을 끌어냄으로써 은총의 선행이란 온데간데없어집니다.

믿음과 구원의 관계 - 그 잘못된 만남

관계 유형	야기되는 문제	관계의 왜곡
믿음:구원= 수단:목적	은총의 무조건 파괴 - 선행 위배	목적으로서 구원을 지향함으로써 믿음이 불순하게 됨
믿음:구원= 원인:결과	은총의 무조건 파괴 - 선행 위배	원인으로서의 믿음이 구원을 결정하게 됨

그러므로 믿음에 대해서 구원은 목적도 아닐뿐더러 결과

도 아니어야 합니다. 그 어떤 것도 모두 조건적이기 때문입니다. 그러니 무조건적이어야 할 은총으로서의 구원에 해당하지 않습니다. 그렇다면 이것은 도대체 무엇을 뜻하는가요? 무엇보다도 믿음에는 '왜?'라는 물음이 맞지 않다는 것입니다. 말하자면 믿음에는 달리 이유가 없다는 것을 뜻합니다. 아니 엄밀하게 말해서 믿음에는 이유가 없어야 합니다. 따라서 '왜 믿는가?'라는 물음은 물을 수 없는 물음입니다. 삶에 달리 이유가 없어 '왜 사는가?'를 물으면 '그냥 웃을 수밖에 없는' 것처럼, 믿음에도 이유가 없을 뿐 아니라 없어야 합니다. 바야흐로 '무조건적인 믿음'입니다. 구원뿐 아니라 믿음도 무조건적인 은총이라고 하는 것은 바로 이를 일컫습니다. 사실상 구원은 차치하고라도 믿음이라는 것이 이미 신비요, 기적이 아니던가요? 믿음은 곧, 그리고 이미, 구원인 것입니다.

왜 믿는가?
믿음에는 이유가 없다!
삶에 이유가 없는 것처럼!
무조건적인 믿음이다.

그런데 여기서 자세히 살펴야 할 것이 있습니다. '무조건적인 믿음'이라는 표현 말입니다. 이 표현을 가지고 혹 우리는 이렇게 생각할 유혹에 빠지기 쉽기 때문입니다. "그래, 말 한 번 잘했다. 무조건적인 믿음! 당연하지, 아무렴, 그래야지. 믿으려면 무조건 믿어야지. 근데 뭘 그리 따지나? 그래가지고 제대로 믿을 수나 있겠나?" 이 물음은 독실하다는 그리스도교인들이 지금까지 줄줄이 이어진 이야기에 대해 묻고 싶어하는 물음입니다. 물론 옳습니다. 당연히 무조건 믿어야 하는 것입니다. 그런데 이러한 '무조건적인 믿음(unconditional faith)'이 오해되어 '맹목적인 믿음(blind belief)'으로 둔갑하고 있습니다. '무조건적'이라는 것이 문자 그대로 '조건이 없다'는 것인데, '조건이 없다'는 것은 '따지지 않는다'는 것을 가리키게 되고 이는 곧 '생각하지 않는다'는 것을 거쳐 '덮어놓고 맹목적이게' 되는 데에 이르기 때문입니다. 여기서 표현은 '무조건적'이라고 하지만 실제로는 '맹목적'인 것을 뜻하게 됩니다. 실상은 '맹목적인 믿음'인데 '무조건적인 믿음'이라고 부르지요. '묻지 마 믿음'의 모습입니다.

'무조건적인 믿음'의 전략

① 무조건적인 믿음
⋮
② 조건이 없는 믿음
⋮
③ 따지지 않는 믿음
⋮
④ 생각하지 않고 믿는 믿음
⋮
⑤ 덮어놓고 믿는 믿음
⋮
⑥ 맹목적인 믿음

그런데 '무조건적인 믿음'에 대해 '맹목적인 믿음'은 단순한 변질이 아니라 정반대로의 둔갑입니다. '맹목적'이라는 것은 무수한 조건이 얽혀 있음을 보지 못하니 '지극히 조건적'인 것이기 때문입니다. 따라서 이와 같은 왜곡을 올곧게 직시하지 않는다면 그러한 맹목성 안에 덮여지고 숨겨져 있는 조건적 욕망의 얽힘을 되돌아 살필 길이 없게 됩니다. 실상 맹목적인 믿음일 수밖에 없는 '절대적인 믿음'을 내세우면서 이를 구실로 깨달음과 행위를 인간의 노력과 업적이라고 거부하는 작태가 바로 그 좋은 증거입니다. 그러나 진실로 '맹목적인 믿음'이 거절하는 수행과 실천이야말로 참으로 '무조건적인 믿음'으로 향하는 길입니다. 그러한 수행이 믿음에 엉켜 붙어 있는 욕망이라는 조건들을 제거해나가는 행위이고 과정이기 때문입니다. 그러니 겉보기에는 똑같은 '무조건적인 믿음'이라고 해도 이러한 되돌아보기를 거치기 이전과 그 이후는 그야말로 하늘과 땅 차이입니다. 이는 마치 불가에서 회자되는 다음과 같은 이야기에도 견줄 수 있습니다. 만물의 이치에 대한 깨달음의 원리를 설명하는 설법으로 다음과 같은 순행의 회구가 있습니다.

첫째, 산은 산이요 물은 물이다.
둘째, 산은 산이 아니요 물은 물이 아니다.
셋째, 산은 물이요 물은 산이다.
넷째, 산은 산이요 물은 물이다.

여기서 첫째와 넷째는 겉보기에는 똑같습니다. 그러나 둘째와 셋째를 거치지 않은 첫째와 이를 거친 넷째는 하늘과 땅처럼 서로 다릅니다. 첫째는 굳이 설명할 필요도 없이 그저 주어진 일상적 차원입니다. 둘째는 산에 산이 아닌 것이 있고 물에 물 아닌 것이 있음을 보는 단계입니다. 말하자면 그 무엇을 산이라고 할 때 산이라는 것이 그 무엇을 모두 다 싸잡을 수는 없다는 깨달음입니다. 내가 알고 있는 게 전부가 아니라는 것을 알라는 것입니다. 내가 모르는 것이 있다는 걸 알아야 한다는 것입니다. 모름을 모르는 것 즉 뭘 모르는지도 모르고 날뛰는 천박한 어리석음을 일깨우는 가르침이라 하겠습니다. 그런데 이렇게 모른다는 것을 아는 깨달음은 더 나아가 내가 산이라고 알고 있는 바로 그 산에 심지어 그 정반대인 물이 있기도 하고, 더욱이 산으로 알고 있는 바로 그것이 그 정반대인 물이기도 하다는 깨달음으로까지 나아가게 합니다. 이것이 셋째입니다. 산이 물이기도 하고 물이 산이기도 하다는 것은 바로 이를 가리킵니다. 일상적으로 보면 황당한 이야기처럼 들리지만 둘째의 주제 파악을 거치면서 이르게 되는 경지입니다. 그런 후에 다시 현실로 되돌아옵니다. 그래서 첫째의 일상

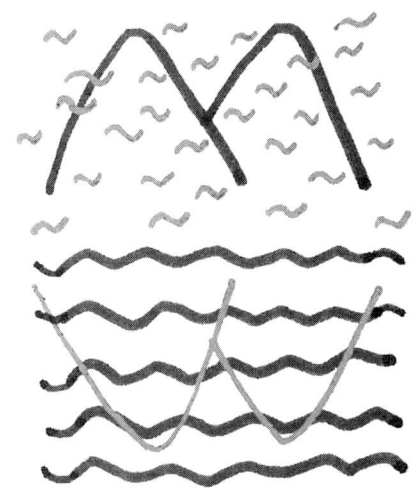

적 차원에서 알고 있던 것을 다시금 되새깁니다. 그러나 이 넷째는 겉으로는 첫째와 같아 보이지만 더 이상 그저 그 산이나 그 물이 아닙니다. 역시 산이고 역시 물이지만, 산이기만 한 산, 물이기만 한 물이 더 이상 아닌 것입니다. 산이 아니기도 하면서 산인 산이고, 물이 아니기도 하면서 물인 물이라는 것입니다. 산이기만 한 산, 물이기만 한 물로만 달랑 보고 말아

버리는 단세포의 가벼움을 여지없이 드러내주는 심오한 설법입니다. 앞서 말한 대로, 똑같아 보이는 '무조건적인 믿음'이라 하더라도 그토록 다르다는 것을 새삼 깨달아야 한다는 것과 같은 이치입니다. 그리함으로써 '맹목적인 믿음'으로 빠지지 않고 참으로 '무조건적인 믿음'으로 향하는 길을 더듬고 다듬어야 할 것입니다. 그렇다면 이제 우리의 물음은 '어떻게 맹목적인 믿음에 빠지지 않고 무조건적인 믿음으로 향할 수 있는가?'라는 데로 나아가야 합니다. 말하자면 '어떻게 믿어야 하는가?'가 우리의 다음 물음이 됩니다.

4

어떻게 믿어야 하는가?

'왜 믿는가?'를 물으면서 우리는 믿음과 구원 사이에 깔려 있는 너무도 당연한 듯이 보였던 고리를 끊어내어야 한다는 점을 살펴보았습니다. 그 고리야말로 믿음을 결국 구원에 대한 욕망으로 전락시키는 족쇄였기 때문입니다. 그리고 바로 이런 이유로 믿음이 '깨달음'이나 '갈고 닦음'을 거부해왔기 때문입니다. 이제 그 고리를 끊기 위해서 우리는 구원뿐 아니라 믿음도 곧 은총이라는 점에 새삼 주목하였습니다. 말하자면 믿음도 은총이라면 무조건이니 구원을 전제와 조건으로 믿으려는 욕망으로부터 자유로워야 한다는 것입니다. 믿음이 곧 구원이라는 것도 결국 이것을 가리킬 터입니다. 그러니 믿음과 구원이 하나가 되는 은총을 받아들이면서 욕망을 떠올린다는 것은 앞뒤가 맞지 않다는 것입니다. 앞서도 말했듯이 믿음이 곧 삶이어야 한다면, 삶이 달리 이유가 없듯이 믿음도 달리 이유가 없어야 한다는 것입니다. '무조건적인 믿음'이란 바로 이를 일컫는 것이었습니다. 그러나 우리의 종교 현실은 이를 심지어 정반대인 '맹목적인 믿음'으로 왜곡시켰습니다. 그래서 이제 우리는 맹목적인 믿음이 아니라 참으로 무조건적인 믿음을 향하는 길에 대해 묻습니다. '어떻게 믿어야 하는가?'

'어떻게'를 가지고 이렇게 묻게 된 것은 '왜 믿는가?'라는 물음에 대한 마땅한 대답으로 '무조건적인 믿음'이라는 것에 이르다보니, 그렇다면 '어떻게 믿어야 무조건적으로 믿을 수 있는가?'라는 물음이 나올 수밖에 없기 때문입니다. 그러나 사실 이보다 앞서 우리가 '어떻게 믿고 있는가?'를 먼저 살피는 것이 논리적인 순서로 보거나 믿음 되돌아보기라는 우리의 과제를 위해서나 적절한 것이라 하겠습니다. 왜냐하면 '어떻게 믿고 있는가?'는 현실을 향하는 물음인 반면에, '어떻게 믿어야 하는가?'는 당위의 물음이기 때문입니다. 앞의 물음은 우리 믿음의 꼴에 대해 분석하겠고, 뒤의 물음은 믿음의 마땅한 길을 논하겠지요. 앞선 물음을 먼저 물어야 하는 이유는 앞의 물음 없이, 우리 믿음이 지금까지 엮어온 꼴에 대해 묻지 않은 채, 믿음의 길을 늘어놓게 되면 그러한 당위적 규범은 어느 순간 우리에게 일종의 지침서나 매뉴얼로 둔갑하고 말게 될 것이기 때문입니다. 말하자면 또 하나의 교리로, 교조적인 훈계로 다가오기 때문에 되돌아보기를 꾀하는 우리의 과제에 오히려 역행할 수밖에 없을 것이기 때문입니다. 바로 이런 이유로 우리는 우리 믿음의 꼴을 먼저 되살펴야 합니다. 이것은 바로 우리의 삶을 되돌아보는 일이요, 그 삶에서 우리가 마땅히 해야 할 삶의 일입니다. 이걸 노력이라 하고, 때로 행위라고 부르면서 믿음에서 멀리 떼어놓으려는 '행위 콤플렉스'를 그리스도교 역사가 소름끼칠 정도로 징그럽게 지니고 있기는 하지만 이것은 우리가 해야 하는 최소한의 일이고 삶입니다. 그렇지 않다면 우리는 하느님을 마술사로 전락시키게 되고 우리는 무기력하게 최면을 걸어주기를 기다리는 꼭두각시가 되고 말 것입니다. 그러나 하느님이 세상을 창조하실 때 다른 피조물들은 '있어라!'는 말씀으로 있게 하셨지만 우리 인간만큼은 직접 수공예로 빚으시고 더불어 소통하기를 원하여 입김까지 진하게 불어넣어 주셨습니다. 그런데 하느님이 소통하기를 원하시는, 하느님과 소통해야 할, 인간이 그저 무기력하게 쳐면을 걸어주기를 기다리는 꼭두각시로 전락한다면 이건 창조의 지에도 거스르는 것입니다. 그래서 우리가 우리에게 스스로 묻고 우리를 돌아보아야 합니다. 믿음의 마땅한 길을 그저 교조적인 지침이나 한갓 매뉴얼로 전락시키지 않기 위해서라도 말입니다.

그럴 때에만 믿음의 마땅한 길 즉 '어떻게 믿어야 하는가?'에 대한 대답이 뜻있게 새겨질 수 있을 것입니다. 더 나아가 그럴 때에만 그 마땅한 길이 우리가 걸어갈 수 있어서가 아니라 하느님의 은총 덕분에 그저 당위에만 머무르지 않고 현실에서 가능하고 뜻있는 대답이 될 수 있게 될 것입니다. 과연 은총이란 그런 것이지요. 은총이 무조건적이라는 것이, 그래서 '값없다'는 것이 '값을 측량할 수 없다'는 것이지 '값싸다'는 것은 결코 아니지 않습니까? 그러니 우리가 아무 일도 하지 않고 공짜로 얻을 수 있다는 것으로 새겨져서는 결코 안 될 것입니다. 시중에 이런 식으로 종교를 장사하는 지극히 종교적인 사람들이 적지 않지만 이게 갈 길이 아닌 것만큼은 두말할 나위가 없겠습니다.

  그래서 물어야 합니다. 어떻게 믿고 있는가요? 과연 우리는 어떻게 믿고 있는가요? 그런데 물어야 하고 더욱이 먼저 물어야 하는 것은 틀림없지만 그 물음은 정말 우리 각자가 스스로 묻고 대답할 일입니다. 따라서 여기서는 그 물음을 묻기는 하지만 그 대답을 하는 일은 하지 않겠습니다. 이건 정말 이 글을 지금 읽으시는 귀하께서 진실로 직접 스스로 하셔야 할 일입니다. 그러면 어떻게 그렇게 하느냐고요? 막연하지 않습니다. 여태까지 앞에서 읊조려졌던, 그래서 들었던 몇 가지 물음을 나 자신의 믿음에 적용시켜 보는 것입니다. 이미 그렇게 해오셨겠지만 이 대목에서 그 물음들을 한꺼번에 잇고 엮어서 물으면 '나는 과연 어떻게 믿고 있는가?'라는 물음에 대한 이모저모의 대답들을 하실 수 있을 것입니다. 이 과정은 건너뛸 수도 없고 생략되어서도 안 됩니다. 다시 한 번 강조하지만 그렇게 되면 '어떻게 믿어야 하는가?'라는 물음에 대한 대답이 교조적인 지침이 되어버리고 결국 현실과는 동떨어진 당위적 규범에 머무르고 말게 될 것이기 때문입니다. 물론 당위로 가야 하지만 현실에서 출발해야 합니다. 특히나 종교의 경우에는 더욱 그렇습니다. 다른 사람들의 종교에 대해서는 일그러진 현실을 보면서 자신의 종교에 대해서는 당위의 주장으로 이루어진 이상으로 새기려는 것이 우리의 본능적 습성이라는 것은 세계종교사가 증명합니다. 내 종교의 현실을 정직하게 직시하는 일이 그리 쉽지 않다는 말이지요. 본능적인 저항을 받습니다. 보고도 못 본 체하게 되어 있습니다. 그래야 자신이 덜 불편하기 때문이지요. 그러기에 현실을, 그것도 내가 속한 종교가 처한 현실을 정확하고 정직하게 보아야 하는 이유는 이 물음에서도 다시금 확인됩니다. 이제는 잠시 머물러 물읍시다. '나는 과연 어떻게 믿고 있는가?'

.

　지금 바로 여기가 스스로 머물러 묻고 대답하는 시간과 공간입니다.

.

　자, 여러분은 나름대로 어떤 대답을 추렸습니다. 이제 그 대답을 가지고 다음 물음으로 넘어갑니다. '어떻게 믿어야 하는가?' 이 물음을 앞서 생각했던 믿음과 구원의 관계에 적용한다면 '구원받으려는 욕망으로부터 믿음을 어떻게 해방시킬 수 있을까?'라는 물음으로 표현됩니다. 이 물음에 답하기 위해서는 구원이 은총이라는 점에 다시금 주목할 필요가 있습니다. 구원이란 인간의 행위나 업적에 의한 것이 아니라 오직 은총에 의한 것임을 그토록 강조하면서도 우리는 암암리에 구원받을 수 있는가에 촉각을 곤두세우기 때문입니다. 그러다가는 구원 여부에 대한 불안을 떨치지 못한 나머지 우리 스스로 구원에 대해서 판정하려고 덤벼듭니다. 이른바 '구원에 대한 확신'을 빌미로 하느님의 자리를 마구 넘보는 것입니다. 그러나 이러한 태도야말로 하느님을 밀어내고 그 자리에 자기가 대신 앉아버리는 '실제적 무신론'일 따름입니다. 이럴 정도로 그리스도교인들은 구원에 대해서 지나치게 관심이 많습니다. 구원은 하느님의 절대적 주권이라고 해놓고서도 엄청스레 노심초사합니다. 이래서 '천당 가기를 바라는 무수한 종교적 영혼들이 이기적'이라는 말을 듣는지도 모릅니다.

혹자는 '욕망'이라는 표현에 대한 거부감으로 인해 '희망'이나 '기대'라는 말로 대체하려고 할 수도 있습니다. 그러나 인간이 스스로 구원을 떠올리게 되면 이에 대한 희망이나 기대는 욕망으로 바뀝니다. 구원을 인간이 어떻게 해볼 수 있는 것인 양 착각하는 순간 욕망으로 둔갑하기 때문입니다. 그러므로 이제는 구원에 얽힌 무수한 욕망들을 더 이상 숨기지 말고 진솔하게 시인해야 할 것입니다. 그러나 이처럼 구원에 대한 '바람'마저도 접어야 하는 믿음이라면 도대체 어떻게 믿어야 하는가요? 쉽지 않은 물음입니다. 그러나 마침 예수가 좋은 길을 가르치고 몸소 보여주셨기에 이 대목에서 그분의 한 말씀을 모실 일입니다. 그런데 이렇게 말하면 "기독교 바깥과 소통하기 위해 일상의 언어로 하자고 해놓고 왜 갑자가 예수의 말씀인가?"라고 반문하실 수도 있을 것입니다. 그러나 이제 살피려는 말씀은 종교적인 언어가 아닙니다. 아니 종교적 인간이 종교에서 원하는 것과는 오히려 정반대일 정도입니다. 그래서 일상 언어로 소통하려는 이 맥락에도 부합합니다. 세 복음서에 함께 나오는 구절인데 누가복음서의 구절이 가장 확대판이어서 이를 택합니다.

    예수께서 모든 사람들에게 말씀하셨다. "나를 따르려거든 자기

를 부인하고, 날마다 자기 십자가를 지고, 나를 따르라."(누가 9:23)

이 말씀은 사실상 '어떻게 믿어야 하는가?'에 대한 대답뿐 아니라 앞서 살폈던 모든 물음들에 대한 대답을 안고 있는, 그야말로 그리스도 신앙의 결정판이라고 하지 않을 수 없습니다. 그렇다고 할 때 기왕 앞서 던졌던 물음들에 대한 대답부터 살펴봅시다. 우선 '무엇을 믿는가?'라는 물음에 대해 이 말씀은 어떤 대답을 주는가요? 우리는 앞서 이 물음에 대해 '내가 믿고 싶은 대로 믿고 있는 하느님'에서 시작하여 '믿고 싶은 대로'를 넘어서 성서가 가르쳐주는 '나를 만나시는 하느님'으로 가야 하고 더 나아가 '하느님 그대로의 하느님'을 향해 무장해제를 해야 한다고 했습니다. 그렇지 않고 '내가 믿고 싶은 대로 믿고 있는 하느님'인 줄 모르면 '하느님 그대로의 하느님'인 줄로 착각하게 되고 결국 자기가 믿고 있는 것을 절대화하는 '우상 숭배'의 잘못을 저지르게 된다고 했습니다. 그러기에 이런 성찰은 안 해도 그만인 것이 결코 아니라는 점도 확인했습니다. 이제 이러한 대답을 예수의 이 말씀에 비추어 다시 하려면 이 말씀이 첫 번째 수난예고와 함께 나온 주문이라는 점을 기억해야 합니다. 결국 '자기를 버리고 자기 십자가를 지고 하느님의 뜻을 따른 예수 자신'이 곧 '무엇을 믿는가?'라는 물음에 대한 대답이라 하겠습니다. 이에 대해서는 이어진 물음을 다시 묻고 난 뒤에 되돌아가도록 하겠습니다. 그것이 더욱 효과적으로 정리할 수 있는 길이라고 생각하기 때문입니다.

그렇다면 다음 물음인 '믿는다는 것은 무엇인가?'에 대해서 이 말씀은 뭐라고 대답하는가요? 단적으로, "나를 따르라"는 주문을 통해 '따름'이라고 대답하고 있습니다. 믿는다는 것은 따른다는 것입니다. 그런데 따름은 자기를 지키려는 것과는 달리, 자기 기득권을 포기하고 언제든지 어디로든지 이끄시는 대로 나아가는 것을 가리킵니다. 흔히 우리는 '믿음을 잘 지켜야 한다'고 말합니다. 일차적으로는 옳은 말입니다. 그래서 '믿음은 지킴'이라는 생각도 당연히 하게 됩니다. 목에 칼이 들어와도 굳건하게 나의 믿음을 지켜야 한다는 것이지요. 그런데 이런 생각은 의도하지도 않았고 미처 의식하지도 못한 채 믿음을 믿게 되는 데에 이르게 됩니다. 내가 믿고 있다는 것을 믿는 것이지요. 나의 믿음에 대한 믿음입니다. 그런데 나의 믿음을 믿는 것은 사실상 나를 믿는 것일 수가 있습니다. 그래서 '지킴'에만 머물러서는 안 됩니다. 거기에 머무르면 자기믿음에 빠질 가능성이 아주 큽니다. 그런 자기믿음을 달리 말하면 '자기도취'라고 합니다. 그리고 이제 바로 위에서 말한 우상 숭배와 자기도취가 한데 얽혀서 '자기도취적 우상 숭배'가 되어버립니다. '묻지마 믿음'이지요. 우리 믿음이 되돌아보지 않으면 이렇게 될 가능성이 너무 많습니다. 그래서 '따름'입니다. 이제 따름은 지킴과는 달리 자기의 중심적인 자리를 벗어날 것을 요구합니다. 자기를 믿을 가능성을 넘어서는 결단 말입니다. 자기도취에서 깨어나는 깨달음입니다. 그러기에 믿음이 따름이라고 하는 것은 믿음이 순간적인 마술과 같은 동의나 즉각적인 수용이 아니라 깨달음과 수행이 함께 얽히면서 지속적으로 엮여져가는 삶의 과정이라는 것을 가리킵니다. 따른다는 것은 순간적으로 연출되는 장면이 아니라 꾸준하게 이어지는 수행의 과정이기 때문입니다.

이제 그다음 물음인 '왜 믿는가?'로 넘어가봅시다. 앞서 이 물음에 대해서 우리는 '무조건적인 믿음'을 대답으로 삼아야 한다는 데에 이르렀습니다. 그렇다면 예수의 이 말씀은 어떠한 대답을 주는가요? 이 말씀은 오묘한 화법을 통해 근거를 캐 들어갈 수 없는 믿음의 무조건적인 경지를 드러내줍니다. 즉 "나를 따르려거든 나를 따르라"라고 말합니다. '구원받으려거든'이나 '복 받으려거든', 또는 '잘살고 싶거든'이 아니라 "따르려거든 따르라"라고 선언합니다. 조건절의 형식을 취하지만 동어반복을 통해 조건의 얼개를 깨부수는 절묘한 수사입니다. 말하자면 '따름'에 앞서 어떠한 조건도 전제되어 있지 않음을 명백히 함으로써 '따름'으로서의 믿음이 무조건적이어야 한다는 것을 확연하게 선포합니다. 믿는다는 것이 곧 따름이라고 할 때, 이 따름은 그에 앞서 어떠한 조건도 깔지 않는 그야말로 무조건적인 따름이라는 것입니다.

그렇다면 왜 예수께서 조건적인 형식을 사용하셨을까요? 우리가 사실상 '무조건'이라는 것을 이해할 수 없기 때문입니다. 표현은 그렇게 하지만 경험해본 적도 없고 파악할 수도 없기 때문입니다. 종교적인 차원에서 흔히 쓰는 용어들이지만 '절대'라는 말이나 '무한'이라는 말도 마찬가지입니다. 이런 말들도 사실 그 뜻을 제대로 새길 수 없는데 그냥 쓰는 말입니다. 예를 들어, '절대'란 무엇인가요? 우리 경험 영역 안에 들어오

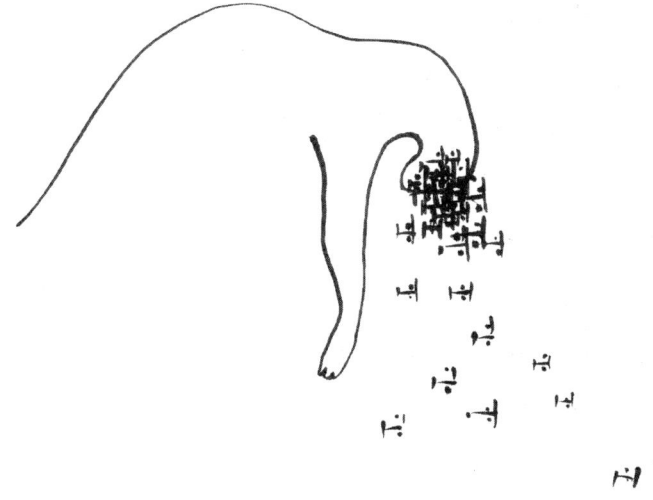

지 않기 때문에 우리는 그저 추상적으로, 일종의 기호로 쓸 뿐입니다. 사실상 '상대'의 반대말로 즉 '상대'의 '상대'로 새길 뿐입니다. 말하자면 '절대'를 '상대'로 읽는 것입니다. 이때 '상대'는 잡아내는 개념이지만 '절대'는 다만 가리킬 뿐인 상징입니다. 그런데 서로 반대말이라고 새기다보니 자연스럽게 이를 같은 위상에 놓게 되고 동급으로 새기면서 절대를 상대적으로 새기는 것입니다. 아니 그러는 것밖에 달리 방법이 없습니다.

이럴 정도로 우리는 한계적일 수밖에 없습니다. 문제는 이것을 겸허하게 깨닫느냐 아니면 그렇지 못하느냐 하는 데에 있습니다. 이런 점은 '무조건'에 대해서도 마찬가지입니다. 그러니 예수께서도 우리의 삶과 앎의 한계 때문에 그렇게 조건적인 틀에 넣고 이를 깨부숨으로써 무조건의 뜻을 향하도록 길을 보여주신 것입니다. 말하자면 '무조건'이라는 것이 원초적으로 그냥 주어지는 것이 아니라 오히려 삶을 이루고 있는 무수한 조건들을 깨부숨으로써만 향할 수 있다는 것을 일깨워주는 통찰의 말씀이기도 합니다.

이제 드디어 이 절에서 다루고자 하는 물음 즉 '어떻게 믿어야 하는가?'로 넘어갈 때가 되었습니다. 앞의 이야기와 연관하여 다시 묻는다면 이렇게 물을 수도 있겠지요: '어떻게 무조건적으로 따라야 하는가요?' 그렇다면 이 물음에 대해 예수의 말씀은 무슨 대답을 주는가요? "따르려거든 따르라" 사이에 있는 "자기를 부인하고, 날마다 자기 십자가를 지고"가 바로 이에 대한 가장 핵심적이고도 직설적인 대답이라고 할 수 있습니다. 이제 이 말씀을 제대로 새기기 위해서는 몇 단계의 작업을 해야 합니다. 첫째로, '자기를 부인하는 것'의 뜻을 새거야 합니다. 다른 종교들도 이와 비슷한 가르침이 있으니 이들 사이에서 비교하는 것도 중요한 뜻을 지닐 것입니다. 둘째로, '자기 십자가를 지는 것'의 뜻을 새기고 특히 '예수 그리스도의 대속 십자가'와 밀접하게 견주어보아야 할 것입니다. 그런 뒤에 셋째로, '자기를 부인하는 것'과 '자기 십자가를 지는 것' 사이의 관계에 대해서 살펴야 합니다. 적어도 이렇게 세 단계를 거쳐야 비로소 이 말씀의 뜻을 어느 정도 새길 수 있지 않을까 합니다.

첫째로, "자기를 부인하고"는 그가 그렇게 보여주셨던 것처럼 자기를 버리고 비우는 것을 가리킵니다. 버림은 받음과 대조라면 비움은 채움과 대조일 터인데, 우리는 사실 받음에서 시작합니다. 그것도 적당히 받고 마는 것이 아니라 넘치도록 채움을 갈망합니다. '내 잔이 넘치나이다'라는 고백은 그래서 우리 모두가 원하는 것이기도 합니다. 이처럼 받음과 채움에서 시작하는데 사실 이것은 전혀 잘못된 것이 아닙니다. 그것은 저 앞에서 '무엇을 믿는가?'에 대해 대답할 때 '내가 믿고 싶은 대로 믿고 있는 하느님'에서 시작할 뿐 아니라 그것 자체가 잘못은 아니라고 한 것과 같은 이치입니다. 내가 받고 싶고 더 받고 싶고 채우도록 받고 싶고 그래서 채우고 싶은 것은 시작으로서는 아주 당연한 것입니다. '내가 믿고 싶은 대로'가 바로 이것을 가리킵니다. 그런데 여기서 시작하여 '하느님 그대로의 하느님'을 향하여 문을 열어야 하는 것과 같이 '받음'과 '채움'에서 시작하여 종국에 '버림'과 '비움'으로 가야 한다는 것입니다. 이러한 가르침이 소위 '신앙발달론'으로 추려졌는데 믿음이 시작하여 성숙하는 과정을 몇 단계로 나누든지 상관없이 시작 단계와 마지막 단계는 이처럼 정반대가 되어야 한다는 믿음의 역설입니다. 받음에서 시작하여 버림으로, 채움에서 시작하여 비움으로 점차로 나아가는 단계의 상승이 믿음의 성숙 과정이고 종당에는 버리고 비우는 경지에 이르도록 "다만 앞을 향해 달려가는" 삶이 우리의 믿음이어야 한다는 것입니다. 받음과 채움에서 시작하는 것이 문제가 아니라 여기에만 머무르려는 것이 문제이고, 여기서 시작하여 이와는 정반대로 향하는 것이 마땅한 길이라는 것입니다.

 결국 '자기를 부인하라'는 말씀은 '내가 믿고 싶은 대로 믿고 있는 하느님'에서 시작하는 줄 모르고 '하느님 그대로의 하느님'인 줄로 착각하는 자기절대화가 빠질 수밖에 없는 자기도취로부터 헤어 나오라는 '자기비움'의 일침입니다. 물론 불가(佛家)에서도 무아(無我)론이나 공(空) 사상 등 이와 유사한 가르침이 있습니다. 말이 나온 김에 잠시 이 이야기를 해봅시다. 이렇게 비교하는 것은 예수의 말씀을 더욱 잘 새기기 위해서도 의미 있고 효과적인 길이기도 합니다. 종교라는 것이 인간 삶에서 겪는 문제를 해결함으로써 해방을 주는 것이 그 존재 이유임은 두말할 나위도 없습니다. 불교도 역시 마찬가지인데 불교는 본디 인간 삶에서 가장 중요한 문제를 고통이라고 보았습니다. 그래서 고통을 벗어나는 해방이 가장 중요한 목표가 되었고 그것이 바로 해탈(解脫)입니다. 그런데 고통으로부터 벗어나려면 그 원인을 밝혀야 할 터인즉, 집착이라고 가르쳤습니다. 그래서 고통의 원인인 집착을 소멸시켜야 하고 소멸하는 방법으로서 수도(修道)를 가르쳤습니다. 소위 고(苦)-집(執)-멸(滅)-도(道)의 사제(四諦)가 바로 그것입니다. 그리고 그 방법으로서의 도를 자세히 풀어놓은 것이 팔정도(八正道)입니다. 이것이 수도의 핵심입니다. 다만 소승불교는 이러한 깨달음을 통해 해탈하여 열반에 이르기를 도모하는 반면, 대승불교는 홀로 열반의 부처가 되기를 마다하고 보살에 머무르면서 그러한 깨달음을 사바세계의 중생들과 나누고자 하는 데에 더욱 관심을 둡니다. 그래서 무아론과 공 사상으로 엮어지는 것입니다. 소승불교가 가르치는 무아론은 자아가 영구적인 실체가 아니라 우주를 이루고 있는 오온(五蘊)이라는 원재료가 잠시 뭉쳐서 이루어진 것일 뿐이니 내 것이라고 붙들고 늘어질 것이 없다는 가르침입니다. 대승불교의 공 사상은 그러니 나의 자아뿐 아니라 온 세계에 이러한 깨달음과 이를 통한 해방을 나누기 위해 온 세상의 '텅 빈 충만'을 설파하고자 합니다. 그야말로 인간이 할 수 있는 노력의 극점에 이르기까지 진지한 삶의 자세를 도모하는 가르침이라고 하겠습니다. 물론 과연 이러한 경지가 인간에게서 가능할지를 되묻는 정직함도 요구되는 것은 당연합니다.

여기까지는 예수의 가르침으로서의 자기비움도 그 뜻을 함께 나누는 것으로 읽을 수 있습니다. 그런데 이 대목에서 그리스도교가 취해왔던 입장을 잠시 살펴봅시다. 불교의 이러한 수행과 수양, 수도 등을 포함한 인간의 행위에 대해 그리스도교는 어떻게 받아들일까요? 그리스도교, 특히 개신교는 믿음에 대해 행위의 가치와 비중을 격하시키는 왜곡된 전통을 집요하게 지키고 있는 것으로 보입니다. 그러나 믿음과 행위를 구별해놓고 믿음에 행위가 있느니 없느니 하는 이야기들은 한 마디로 어불성설입니다. 행위가 없는 믿음은 '죽은 믿음'일 뿐 아니라 아예 '믿음'도 아닙니다. 이것은 '믿는다는 것은 무엇인가?'라는 물음에서 이미 다루었으니 반복하지는 않겠습니다.

그런데 많은 그리스도교인들이 은총을 구실로 인간의 노력과 업적을 폄하하면서 행위에 대한 무책임을 변명하는 경향을 지닙니다. 그러나 예수도 분명하게 우리에게 그를 따르기 위해서 우리 자신을 비우는 행위를 할 것을 말씀하셨습니다. 그러기에 은총을 내세워서 인간의 깨달음과 행위를 부정하거나 가벼이 여기는 자가당착의 오류를 저질러서는 안 됩니다. 오히려 예수께서 말씀하신 자기비움은 이러한 수행과 수양 과정을 거쳐야 할 뿐 아니라 그러고서도 더 해야 할 것이 있습니다. 그것은 바로 불교의 수행득도 과정에 포함되어 있지 않은 '죄의식에 대한 깊은 참여'입니다. 말하자면 불교가 수행을 통한 자기고양으로서의 자기부정을 가르친다면 예수는 그러한 과정 너머에서 죄의식에 토대를 둔 자기비움에까지 이르러야 한다는 것을 가르치신 것입니다. 물론 여기서 '죄의식'이란 개인적인 단위로서 도덕의 차원에서 양심과 동기에 대해 판정하는 도덕적인 죄(guilt)가 아님은 물론, 사회적인 단위로서 법적인 차원에서 행위와 결과로 판정하는 법적인 죄(crime)도 아닙니다. 오히려 전 존재 차원에서 삶의 얼과 꼴로 새겨지는 종교적인 죄(sin)에 해당하는 것이니 이러한 기초적인 구별을 분명히 해두는 것도 중요한 일입니다. 말하자면 종교적 '죄의식'은 인간의 자기의식으로서 피조물이면서 동시에 죄인이라는 깨달음에 바탕을 둔 삶의 자세를 일컫는다고 하겠습니다. 바로 이러한 삶의 자세가 은총이 내릴 수 있는 곳이니 자기비움의 온갖 노력을 다하고도 깊은 죄의식에서 자기의 피조성을 겸손하게 고백하는 삶이 바로 은총의 터전이라는 것입니다. '죄가 많은 곳에 은총도 풍성하다'는 바울의 말도 바로 이를 가리킨다고 하겠습니다. 말하자면 불교와 그리스도교가 공히 자기비움의 길을 가르치지만 그리고 그러한 자기비움을 위해 우리가 온갖 수양과 수행의 노력을 다해야 하지만, 종국에는 죄의식에서 그리고 이 터전 위에 내리는 은총에서 결정적으로 다른 경계를 확인할 수 있지 않을까 합니다. 결국 무아와 공이 수행과 수양의 덕목이라면 자기비움은 각고의 노력을 거치고 넘어선 은총의 차원을 가리키는 것이 아닐까 합니다. 진인사대천명(盡人事待天命)이라는 동양의 지혜도 이러한 깨달음을 함께 나누고 있습니다.

그럼에도 불구하고 이 대목에서 과연 우리에게 자기비움이라는 것이 말처럼 가능한가를 되묻지 않을 수 없습니다. 그러기에 현실에 연관하여 그 가능한 뜻을 더듬을 필요도 있을 터입니다. 이리 본다면 자기비움이란 현실에 집착하지 말고 초월할 것을 가르치는 말씀으로 읽을 수 있지 않을까 합니다. 극단적인 자기멸절(self-annihilation)이 결코 아닌 자기부정(self-negation)은 이렇게 '현실 초월'을 향하는 것으로도 볼 수 있겠습니다. 그렇다고 하더라도 여전히 간단한 일은 아닙니다. 그래서인지 역사적으로 많은 사람들이 자기를 버리고 비우기 위해 즉 현실을 초월하기 위해 현실을 벗어나 탈속 수도를 시도했습니다. 여전히 현실 안에 살면서 초월하기가 간단하지 않아서인지 속세를 벗어나는 행렬이 그리스도교의 역사를 형성했습니다. 사막 교부들이나 수도원 전통 등은 그 좋은 예에 해당할 것입니다. 이에 대한 자세한 이야기는 교회사를 통해서 얼마든지 살필 수 있으니 굳이 예들을 들지는 않겠습니다. 그러나 이 대목에서 짚고 가야 할 것이 있습니다. 그것은 바로 현실 초월을 위한 수행의 한 방편으로 자신에게 고통을 가하는 자발적 고행이라는 수도에 대한 것입니다. 물론 그 목적과 의도를 폄하하려는 것은 아닙니다. 그러나 현실 초월을 위해 자신에게 의도적으로 고통을 가한다는 것은 아무래도 석연치 않은 부분이 있습니다. 그렇지 않아도 '삶이 곧 고통'이라는 울부짖음이 인류사를 장식하는 마당에 잔혹하고 처참한 고통이 산재해 있는 현실에서 그 고통을 줄이고 없애도록 노력하지는 못할망정 일부러 고통을 만들어낸다는 것은 자가당착이 아닐 수 없다고 봅니다. 오히려 그러한 자발적 고행은 피할 길 없이 고통을 당하는 생명에 대한 모독일 수도 있습니다. 과연 그래서인지 자기를 버린답시고, 현실을 초월한답시고 세속을 벗어나다보니 부지불식간에 '현실 도피'로 전락할 가능성이 대두되었습니다. 그리고 실제의 역사는 이것이 가능성에만 머무르지 않았던 모습들을 무수하게 보여줍니다.

  인간 심성의 이러한 폐부를 꿰뚫어보신 예수의 말씀은 그러기에 자기비움에서 멈추지 않습니다. 곧 이어 "자기 십자가를 지라"는 엄청난 주문을 하기 때문입니다. 여기서 둘째 이야기가 시작됩니다. 그런데 이 말씀은 무슨 뜻입니까? 예수의 십자가를 모형으로 그 뜻을 살펴본다면, '자기 십자가'는 자기에게 지워진 책임을 수행하는 것입니다. 긴 이야기를 생략하더라도, '자기비움'이 현실 집착을 넘어서는 현실 초월을 가리킨다면, '자기 십자가'는 현실 초월을 구실로 전락할 수도 있는 현실 도피를 경계하여 '현실 참여'를 가리키는 것으로 새길 수 있겠습니다. 그런데 이 대목에서 묻지 않을 수 없는 물음이 있습니다. 그것은 '자기 십자가'와 '예수의 대속 십자가' 사이의 관계에 대한 것입니다. 우선 이 두 십자가가 모두 신약성서를 바탕으로 하는데 '자기 십자가'가 복음서를 중심으로 더욱 강하게 나타나는 데 비해 '대속 십자가'는 바울 서신들에 더욱 빈번하게 나타납니다. 그러나 과연 이 둘은 어떤 관계입니까? 이 물음에 답하기 위하여 우선 '예수의 대속 십자가'에 대해서 좀 자세하게 살펴봅시다.

'대속(代贖)'이라는 것은 문자 그대로 '대신 죄 씻음'입니다. 여기서 그 뜻을 좀 더 파헤쳐봅시다. 먼저 더욱 중요한 '속'에 대해서 봅시다. '속'이란 '죄과를 씻는 것'을 가리킵니다. 그런데 대속의 교리에는 죄과를 씻기 위해서는 벌을 받아야 한다는 전제가 담겨 있습니다. 죄를 지었으면 마땅하게 벌을 받아야 한다는 것입니다. 그러나 벌을 받는 것은 죄에 대한 대가를 치르는 것이지 용서를 받는 것은 아닙니다. 형 집행을 치르는 것과 사면을 받는 것은 다르지요. 그러니 이러한 '속'에는 사면에 해당하는 용서가 자리 잡기 어려워 보입니다. 문제는 이것만이 아닙니다. 더 나아가 죄를 지었으면 벌을 받아야 한다는 당연함은 죄를 원인으로, 벌을 그 결과로 보는 인과율의 방식을 취합니다. 물론 인과율은 원인과 결과라는 철저한 조건적인 관계입니다. 그런데 대속의 복음은 말할 것도 없이 은총입니다. 물론 은총이라면 무조건적이어야 합니다. 그런데 무조건적인 은총으로서의 대속이 '속'이 지니고 있는 인과율이라는 조건의 틀로 표현되고 있습니다. 아니 은총의 무조건이 '속'의 조건 안에 갇혀 있습니다. 이래서 또한 모순에 빠지고 말게 됩니다.

'속'의 문제가 이러하다면 '대'에 대해서도 살펴봅시다. '대'는 그야말로 대신입니다. 저 옛날 아들이 죽을죄를 짓고 관가에 잡혀가는 경우 아비가 가서 대신 죽겠다고 벌을 청하면 형을 대신 집행당하게 해주곤 했습니다. 물론 이러한 대체가 가능했던 것은 정치적으로 전제군주체제나 사회적으로 연좌제를 당연하게 받아들이는 집단주의적 사고방식 때문이었습니다. 말하자면 집단주의 또는 전체주의는 그 전체나 집단이 우선적으로 중요하기 때문에 이를 이루는 개인들의 지위는 부차적인 것이었고 따라서 언제나 대체 가능한 개체들일 뿐이었습니다. 그러나 그런 체제 아래서 억압받으며 신음하던 개체들이 분연히 항거함으로써 고대·중세의 전제군주체제가 근대 시민사회로 전환되고 급기야 현대에 이르러 민주주의로까지 발전하게 되었습니다. 근대 시민사회만 하더라도 아직 정치경제적인 엘리트들이 지배했다면 우리 시대인 현대는 저마다 서로 다른 개체들이 질러대는 아우성으로 시작했습니다. 이제 더 이상 개체는 대체 가능한 대상이 아니라 도대체 대체 불가능한 고유한 실존으로 나타났습니다. 새삼스레 이런 이야기를 하는 것은 '대속'의 '대'가 그와 같은 고전적 전체주의라는 시대상과 무관하지 않다는 것을 말하고자 함입니다.

'대속'에 대해 이렇게 두 가닥으로 잠시 살폈습니다. 그러나 이런 이유로 '대속' 복음을 부정하겠다는 것은 결코 아닙니다. 오히려 그와는 반대로 이런 사상적 배경에 대한 검토는 대속의 복음을 주시는 하느님의 은총에 대해 주목할 수 있는 기회를 준다고 말하고 싶습니다. 대속의 은총을 그토록 강조하는 바울 서신들이 없이 복음서만으로 신약성서가 이루어졌다면 과연 사람들이 '자기 십자가'를 강조하는 복음서만 받아들고 그리스도인이 될 수 있었을까 하고 묻지 않을 수 없기 때문입니다. 다시 말하면 종교적 인간의 종교적 욕구에 대해, 아니 인간의 연약함에 대해, 깊이 꿰시는 하느님께서 '자기 십자가'를 가르치는 비종교적 복음서에 이어 '예수의 대속 십자가'라는 종교적 서신들을 함께 묶어주신 깊은 연민에 주목하자는 것입니다. 이게 바로 은총이 아니고 무엇이겠습니까? 성서가 영감으로 쓰였다는 것은 성서의 문장들이 마술적으로 옮겨졌다는 것이 아니라 하느님께서 구원의 역사를 이루기 위해서 이렇게 '자기 십자가'와 '대속 십자가'를 묶어주셨다는 것을 두고 하는 말일 것입니다.

우리의 현실은 어떻습니까? 굳이 덧붙이자면, 실로 되묻건대 "자기 십자가를 지라"는 말씀이야말로 종교적 인간이 종교에 대해서 기대하는 것과는 정확히 반대되는 주문이 아닐까요? 우리가 믿기로는 '죽어 마땅한 죄를 내가 지었으되 내가 그분을 믿기만 하면 내 죄의 대가를 그분이 대신 짊어지고 죽어주심으로써 나는 그러한 죽음을 건너뛰어 부활의 영생에 참여하도록 초대받는 것이 구원이라'고 수도 없이 들어온 것이 그간의 역사였는데, "자기 십자가를 지라"니요? 그것도 "날마다"?

이래서 이 말씀은 즐겨 새겨지지 않습니다. 아니 건너뛰어야 하는 지뢰밭처럼 간주됩니다. 그러지 않고서는 교회의 장사(?)가 잘될 수 없기 때문입니다. 사람들이 '들어야 할 소리'보다 '듣고 싶어하는 소리'를 연출해주어야 교회가 부흥(?)된다는 현실의 역리는 이 말씀을 '걸림돌'로 여길 수밖에 없습니다. 이처럼 '그리스도의 대속적 십자가'로 기울어져 있는 현실의 그리스도교는 바로 이런 이유로 믿음에서 깨달음과 수행을 거부하고, 슈퍼맨의 마술과 같은 모양새를 취하는 구원에 대한 환상을 믿음으로 간주합니다. 말하자면 값을 측정할 수 없는, 그래서 '값없는(priceless)' 은총을 '값싼(less price)' 은총으로 전락시키고 있습니다. 그러나 깨달음과 수행을 포함해야 하는 '자기 십자가' 없는 '그리스도의 대속 십자가'는 종교적이기주의일 뿐입니다. 물론 당연하게도 대속의 은총이 개입할 리도 없습니다. 결국 '자기 십자가'는 대속의 구원만을 명분으로 예수의 십자가를 우상화하려는 종교적 욕구를 정면으로 깨부수라는 명령입니다. 앞선 이야기에 잇댄다면 '하느님 그대로의 하느님'이라고 착각하면서 빠지게 되는 우상 숭배를 벗어나라는 우상 파괴의 명령이기도 합니다. 그렇기 때문에 이제 우리는 '자기 십자가'와 '대속 십자가' 사이의 긴장을 온몸으로 싸안으면서 삶 안에서 이를 한데 엮어내야 할 것입니다. 앞서 잠시 말한 대로 '자기 십자가'를 강조하는 복음서와 '예수 십자가'를 '대속 십자가'로 해석해주는 서신을 함께 묶어주신 영감으로 역사하신 하느님께서 바로 우리에게 원하시는 것이기 때문입니다.

셋째로, 이제 '어떻게 믿어야 하는가?'라는 물음에 대해 종합적으로 답을 정리하기 위해서 '자기비움'과 '자기 십자가' 사이의 관계를 살펴봅시다. 앞서도 말한 대로 먼저 "자기를 버리고"가 현실 집착을 넘어서는 '현실 초월'을 가리킨다면 "자기 십자가를 지고"는 현실 초월을 구실로 빠질 수도 있는 현실 도피를 경계하고 처한 현실에 참여할 것을 요청합니다. 아울러 거꾸로 '자기 십자가를 진다'는 것을 명분으로 자기교만에 빠질까를 경계하여 "자기를 버리고"라는 앞의 말씀이 겸허를 주문하는 것으로도 읽어야 할 것입니다. 말하자면 앞말과 뒷말이 반대방향에서 서로 견제하는 뜻을 지니는 오묘한 수사입니다. 결국 이 두 말씀은 반대방향으로 달리는 두 마리 토끼처럼 보이는 '현실 초월'과 '현실 참여'라는 대조적인 과제를 한데 엮는 균형의 삶과 믿음을 가르칩니다.

자기비움은 믿음이 쉽게 빠질 수 있는 자기도취를 경계하는 가르침입니다. 자기 십자가는 예수 십자가를 대속 십자가로만 새기는 우상 숭배를 경계하는 가르침입니다. 이러한 가르침을 외면한다면 우리의 믿음은 자기도취로 빠지고 우상 숭배로 치달아가면서 결국 이 둘이 한데 얽히니 '자기도취적 우상 숭배'가 되어버리고 맙니다. '묻지마 믿음'의 핵심입니다. 그러니 이 말씀이 가르치는 자기비움과 자기 십자가는 한데 얽혀 자기도취적 우상 숭배에 빠져 있는 통속적 종교성을 정면으로 거부하는 준엄한 요구가 됩니다. 단언컨대 '자기비움'은 '우상 파괴'입니다. 결국 자기비움과 자기 십자가가 각각 뜻을 세우되 서로 경계를 주고받음으로써 유기적인 삶의 얼과 꼴을 엮어야 한다는 이 가르침이야말로 그리스도교에서 믿음이 지녀야 하는 실천의 정점이라 하겠습니다. 그리고 이로써 그리스도교 안에서 오랜 세월 동안 벌어져왔던 믿음과 행위의 관계에 대한 부질없는 논쟁은 종식되어야 합니다. 아울러 '오직 믿음만으로(sola fide)'라는 종교개혁 구호도 행위와 실천을 경시하는 천박한 신앙주의적 곡해로부터 건져내야 할 것입니다.

예수의 말씀을 가지고 아래와 같이 간단히 정리해봅니다.

① **무엇을 믿는가?**
  '자기를 버리고 자기 십자가를 지신 예수'

② **믿는다는 것은 무엇인가?**
  "따르라"는 것이다, 지키는 것이 아니라!

③ **왜 믿는가?**
  "따르려거든 따르라" 즉 조건을 파괴함으로써 이르는 무조건적인 믿음

④ 어떻게 믿어야 하는가?

'자기비움': 현실 초월

→ 현실 참여를 명분으로 하는 자기교만을 경계함

　무아경지/자기도취를 넘어서는 죄의식을 통해

"자기 십자가": 현실 참여

→ 현실 초월이 빠질 수 있는 현실 도피를 경계함

　이기적 대속 십자가의 우상 파괴를 통해

　그러기에 믿음은 실천과 행위 없이는 불가능합니다. 그리고 이러한 비움과 파괴의 실천은 은총에 모순될 이유가 없습니다. 아니 오히려 비움과 파괴야말로 은총의 증거입니다. 은총 없이는 비움이 불가능할 터이고 비움이 불가능하다면 파괴도 물 건너가기 때문입니다. 성서에서 예를 들어봅시다. 이스라엘 민족의 해방을 위한 지도자로 부르심을 받은 모세가 가나안을 향한 대장정의 유구한 역사를 이끌었음에도 불구하고, 그는 가나안을 눈앞에 두고 들어가는 것을 허락받지 못한 상태에서 눈을 감습니다. 심지어 그의 무덤조차도 없습니다. 유대교 전통의 집요한 맥락에서 본다면 상당히 의외의 일입니다. 왜 그랬을까요? 모세가 신격화되는 것을 야훼께서 허락하지 않으심이요, 그의 묘소조차 성역화되는 것을 막기 위함이 아닐까요? 이처럼 구약성서는 철저하게 우상 파괴의 정신으로 일관합니다. 야훼와 연관하여 이스라엘 민족의 핵심적인 죄가 우상 숭배였음을 집요하게 지적하는 것도 구약성서 전체를 지배하는 뼈대입니다. 물론 신약성서는 더 나아가 인간이 되신 하느님으로서의 그리스도 사건을 선포함으로써 우상 파괴를 위한 자기비움과 자기비움을 위한 우상 파괴를 결론짓습니다.

이 대목에서 독일의 히틀러 암살단에 가담했다가 발각되어 세계 2차 대전 종전 직전에 안타깝게도 처형당한 젊은 신학자의 절규가 우리를 파고듭니다.

> 그리스도인이 된다는 것은 유별나게 종교적이 된다거나, 어떤 특수한 방법을 통해서 자기를 인위적으로(죄인으로서나 회개하는 자로서나 성자로서) 조작하는 것이 아니라 하나의 인간이 되는 것을 의미한다. 그러나 이 인간은 어떤 특수한 형태의 인간이라기보다는 그리스도가 우리 안에서 창조하는 새로운 인간이다.

> 왜냐하면 한 인간이 굳이 그리스도인이 된다는 것은 특정한 종교적 행위를 통해서가 아니라 이 세계에서 신의 고난에 동참하는 것을 통해서이기 때문이다.

그렇습니다! 천당 가기를 사모하는 종교적 영혼보다 자기를 비우고 내어주는 인간적 영혼이 더욱 아름다울 것입니다. 그리고 믿는다는 것은 곧 그렇게 산다는 것이라 하겠습니다. 그러나 과연 이런 믿음이 우리에게서 일어날 수 있을까요? 마땅히 그래야 하지만 만일 그렇지 못하다면 "진정한 그리스도인은 예수 한 분뿐이며 그는 이미 십자가에 달려 죽었다"는 니체의 조소가 예수 자신의 탄식이 아니라고 할 수 있을까요? 이래서 믿음과 깨달음/행위의 불가분리라는 가르침에도 불구하고 우리가 이를 따라 배우고 삶에서 이루어낼 가능성에 대해서는 여전히 겸허하게 되새겨야 할 과제를 안게 됩니다. 그리고 이는 모든 종교에게 공통적으로 요구되는 과제라 하겠습니다.

이 대목에서 우리는 수피의 성자가 드렸다고 전해지는 기도를 우리의 기도로 드려야 하겠습니다.

하느님,

제가 지옥의 두려움 때문에 당신을 경배한다면

저를 지옥 불에 태워버리시고,

제가 낙원의 소망을 위하여 당신을 경배한다면

저를 낙원에서 쫓아내버리시옵소서.

그러나 제가 당신을 따르고자 경배하거든

당신의 영원한 아름다움을 거두지 마시옵소서.

5

누가 믿는가?

"여러분, 훌륭한 위인들 중에 아주 좋은 믿음을 가진 분들이 많습니다. 그러니 여러분들도 그분들처럼 훌륭한 사람들이 되어야 하고 그러기 위해 열심히 잘 믿어야 합니다."

어렸을 때부터 교회 생활을 하신 분들은 주일학교 시절 이런 이야기를 들어보았을 것입니다. 그런가 하면, 때에 이성적인 사고 좀 한다는 사람들 중에 그 이성을 내세워 신앙을 경멸하거나 과학을 가지고 종교를 멸시하는 사람들에게 열심히 믿는다는 사람들이 이런 이야기도 곧잘 하곤 합니다.

"우주공간을 날아다닌 사람들도 하느님의 위대한 창조에 경외심으로 찬양했는데 자네가 그 알량한 과학을 가지고 종교를 무시한다는 것은 말도 안 되네. 그 과학자들도 깊은 신앙을 지니고 있는데 자네가 뭐라고 신앙을 부정하는가? 자네도 잔말 말구 이런 과학자들처럼 믿으라고!"

물론 이런 이야기들은 믿음을 권하기 위해서 좋은 본보기들을 동원하는 것이지요. 그리고 그런 이야기들이 듣는 사람으로 하여금 믿음의 의미와 가치, 타당성 등에 대해 생각해보고 받아들이게 하는 계기가 되기도 합니다.

그래서 이런 이야기를 들은 사람들 중에는 "위인이나 과학자들도 그렇게 열심히 믿는데 내가 뭐 잘났다고 믿음을 거부하고 고집을 피울 건가?" 하면서 꼬리를 내리기도 합니다. 그런데 여기서 생각해봐야 할 것이 있습니다. 이런 이야기를 들은 사람이 믿음을 받아들일 때 그가 받아들이는 것은 과연 무엇일까요? 의도하지 않더라도, 의식하지 못하더라도, 그는 하느님보다도 아마도 위인이나 과학자를 믿는 데에서 시작하게 될지도 모릅니다. 물론 위인이나 과학자가 믿음의 타당성이

나 가치를 생각하고 동의하게 하는 '계기'가 될 수는 있고 그런 한에서는 의미가 있기는 합니다. 그러나 이들이 믿음을 받아들이는 '근거'가 되면 하느님 대신에 위인이나 과학자를 믿게 되는 '대체의 오류'에 빠지게 됩니다. 그런데 대체의 오류는 믿음의 대상에서만 일어나는 일이 아닙니다. 위인들이나 과학자들에 의거하여 하느님에 대한 믿음을 가지게 된다면 사실 내가 믿는 것이 아니라 위인이 믿는 것이고 과학자가 믿는 것입니다. 자신이 믿음의 주체가 되지도 못하는데 그렇게 된 줄로 착각합니다. 대체의 오류가 대상에서만 일어나는 게 아니고 주체에서도 일어나는 것입니다. 남의 믿음을 믿는 것이고 남을 믿는 것이며 결국 남이 믿는 것이기 때문입니다. 내가 믿는 게 아니라 남이 믿는 것입니다. 나는 그저 껍데기일 뿐입니다. 이래서 '누가 믿는가?'라는 물음은 구색을 갖추기 위해 지나가는 물음이 아니라 이토록 중요한 뜻을 지니고 있습니다.

그러나 '누가 믿는가?'를 묻는다면 그 대답은 두말할 나위도 없이 바로 '나'이고 그 대답이 또한 마땅하고 당연합니다. 그렇다면 이제 '나'는 과연 누구인가요? 이 물음은 소박할 수도 있고 거창할 수도 있습니다. 그러나 이야기를 좀 더 효과적으로 전개하기 위해서 우리가 앞서 묻고 대답했던 물음들과 연관하여 살피면 물음들의 유기적인 관계도 자연스럽게 엮어질 수 있을 것입니다. 우리는 맨 처음에 '무엇을 믿는가?'를 묻고 '내가 믿고 싶은 대로 믿고 있는 하느님'에서 시작한다고 했습니다. 이 물음과 대답을 여기에 적용하면 '누가 믿는가?'라는 물음에 대한 대답으로서의 '나'는 '하느님을 믿고 싶은 대로 믿고 있는 나'라는 현실에서 시작하여 '하느님 그대로의 하느님을 향해 무장해제해야 하는 나'라는 당위로 가야 하는 '나'라고 할 수 있습니다. '나'는 바로 이런 '나'입니다. '그냥 나'이면서 '되어야 하는 나'입니다. 물론 '그냥 나'에서 '되어야 하는 나'로 가는 것이 내내 이야기했던 믿음 되돌아보기를 통한 성숙의 과정입니다. '나'라는 대답의 이런 뜻을 주의 깊게 새긴다면 위인이나 과학자로 대체될 수도 있는 오류 가능성에 대해 진지하게 되살펴야 한다는 것에 동의하게 될 것입니다.

그런데 그런 '나'가 처음부터 그렇게 자리 잡고 있었던 것은 아닙니다. 아니 엄밀하게 말한다면 처음부터 이미 그런 '나'가 그렇게 살고 그렇게 믿고 있었지만 우리 인간이 이걸 그렇게 드러내고 깨닫게 된 것은 그리 오래된 일이 아닙니다. 그러다보니 아직도 우리는 특히 종교의 영역 안에서는 '나 없는 믿음'을 좋은 믿음인 줄로 착각하는 습관이 관습으로까지 엮여지고 있습니다. '누가 믿는가?'라는 물음을 물어야 하는 더 깊은 까닭입니다.

그렇다면 '나'는 과연 언제 어떻게 드러나고 또한 그렇게 드러난다는 것을 어떻게 깨닫게 되었을까요? 이건 바로 그 대답을 향한 물음인 '누가'와 한통속의 역사와 운명을 나누고 있다는 데에서 찾을 수 있습니다. 그렇다면 '누가'라는 물음은 언제 어떻게 나타났는가요? 막연할 수도 있는 이야기의 범위를 잡기 위해 그리스도교의 배경이 되는 서구 정신문화사에서 살펴봅시다. 이걸 살피기 위해서 이제 우리는 물음들이 등장해 온 역사를 좀 훑어볼 필요가 있습니다. 물론 일상생활에서는 여섯 개의 물음이 동시에 다발적으로 나오지요. 그리고 사건의 내용에 따라서 그중에서 가장 중요한 의문사가 달라지기도 합니다. 그런데 이게 종교의 차원으로 가면 이야기가 꽤 달라집니다. 실제로 그리스도교의 역사에서 '누가'라는 물음은 꽤 나중에 나타났고, 그리스도교의 배경이 되는 서구 정신문화사에서도 역시 그러했습니다.

서구사상의 역사를 종교에 대해 초점을 맞추고 신-인 관계라는 눈으로 보면 이런 면이 아주 잘 드러납니다. 그리스도교가 태동하기 전, 교부들이 '복음의 준비'라고 불렀던 서양 고대로부터 중세가 끝날 때까지 고전시대는 신중심주의가 지배적인 유형이었습니다. 이 시대에는 당연히 '무엇' 물음이 기본적이었습니다. '무엇'은 누가 묻든지, 어떻게 묻든지, 왜 묻든지, 상관없이 언제 어디서나 같을 뿐 아니라 하나인 대답을 요구하느니만큼 당연하게도 신을 향한 물음으로서는 더할 나위 없이 적합한 것이었습니다. 당연하게도 신은 '무엇' 물음의 대답이었고 이것으로 충분했습니다. 아니 사실 다른 물음들이 옆에 끼면 '무엇' 물음이 받아내어야 하는 '같을 뿐 아니라 하나'이어야 하는 대답은 방해받을 수밖에 없었으니 다른 물음들은 없는 것이 더 좋고 나아가 사실은 없어야 하는 것이기까지 했습니다. 사정이 이러하니 '누가'라는 물음이 고개를 들 수 없었던 것은 물론이었습니다.

  그러다가 과학이 열어주는 새로운 시대인 근세가 시작되면서 과학의 기치인 '어떻게'라는 물음이 전면에 등장하게 됩니다. '어떻게'라는 물음은 당연히 앞선 시대의 물음인 '무엇'

에 대한 것이었으니 '무엇이 어떻게 그 무엇인가로 알려지는가?'라는 물음이었고 여기서 '무엇의 알려짐'을 마주하는 '누가'가 나타나게 되었습니다. 말하자면 이제 새로이 등장한 '누가'가 주체가 되니 종래의 '무엇'이 객체가 되고, '누가'와 '무엇'을 이어주는 길에 대한 물음이 '어떻게'라고 하겠습니다. 이제 '어떻게'를 고리로 하여 '무엇'과 '누가'가 그렇게 이어지니 종래 '무엇'이 지니던 위상에 필적할 만큼 '누가'도 지위를 누리게 되었습니다. 이른바 주체와 객체라는 이름으로 인간과 신이 서로 팽팽하게 맞먹게 된 것이지요. 이는 당연하게도 인간의 지위 부상으로 이어지더니 급기야 근세는 인간중심주의 시대가 됩니다. 앞선 고대·중세와 비교하면 정반대로의 급격한 전환이지요. 그야말로 '천동설로부터 지동설로의 전환'인 것입니다. 이제 인간은 주체가 되었을 뿐 아니라 심지어 고전시대에 신의 자리이던 중심으로까지 격상하게 되었습니다. '인간의 신격화'라는 보기에 따라 예찬이기도 하고 비난이기도 한 지경으로까지 치달아가면서 인간은 가히 중심적인 주체가 되었습니다. 이렇게 해서 인간이 더 잘 먹고 더 잘 살았다면 이런 방식으로 계속 나아갔을 것입니다. 그런데 인간을 주체로, 더 나아가서 중심으로 설정하는 것이 결코 인간을, 그의 삶을 행복하게 해주는 길이 아니었던 것입니다. 중심이 아닌 것이 중심의 자리에 가다보니 자기 자리로부터의 이탈이라는 소외가 벌어지게 되었습니다. 신이 아닌 것이 신의 자리에 가다보니 턱도 없는지라 허무의 나락으로 내동댕이쳐질 수밖에 없었습니다. 그런데 인간이 이걸 깨닫는 데에 그리 오랜 시간이 걸리지 않았습니다. 근세라는 비교적 짧은 시기 안에 인간의 자화상이 하늘 꼭대기까지 올라갔다가 바닥으로 추락했던 것입니다. 그리고 이러한 추락에서 겪게 된 소외와 허무가 인간으로 하여금 그의 삶을, 특히 죽음과 그렇게 얽힌 삶을 깊이 되돌아보게 하였습니다. 당연하고도 불가피하게도 불안과 절망이 엄습하게 되었고 이에 대한 절규로 몸부림치면서 현대라는 우리의 시대가 시작되었습니다.

이렇게 시작된 우리의 시대인 현대는 그러기에 철저하고도 처절하게 그 불안과 절망을 온몸으로, 삶과 죽음으로 겪어내야 하는 인간이라는 것을 적나라하게 드러내게 되었습니다. 아니 사실 이미 인류는 그 시작부터 이렇게 살아왔는데 이걸 이제야 비로소 새삼스럽게 폭로하게 되었다고 하겠습니다.

그런데 그러한 불안과 절망은 다른 사람들의 것으로 바꿔칠 수 없는, 철저하게 자신의 것, 자신의 삶이라는 것을 깨우쳐주었습니다. 이제 '누가'는 '언제'와 '어디서'가 없는 근세의 보편적인 주체가 아니라 대체 불가능한 '언제'와 '어디서'로 이루어진 '누가'라는 것입니다. 말하자면, 종래에는 '인간은 시간과 공간 안에서 산다'고 했지만 이제는 '인간은 시간과 공간을 산다'고 하게 되었습니다. '산다'는 말이 문법적으로 자동사이지만 시간과 공간을 목적어로 취하는 타동사로 새길 만큼 문법을 파괴할 것을 '누가'에게 '언제'와 '어디서'가 요구했습니다. 결국 죽음을 뿌리로 하는 불안과 절망에 정직하게 대면하는 성숙해진 시대가 인간을 서로 다른 고유한 '개체'로 새기게 하였습니다. 실존철학이 말하는 '실존'이라는 것도 바로 그렇게 '누가-언제/어디서'라는 '개체'를 일컫는 것입니다. 뿐만 아니라 고전적 절대군주제를 지나 근세의 엘리트적인 시민사회를 거쳐 현대의 대중적이면서도 개인 민주주의로 나아가고 있는 이 시대의 정치체제와 사회의식도 인간 자화상에서 그렇게 '누가-언제/어디서'라는 '개체'로 혁명적인 전환이 이루어지고 있음을 반영하고 있는 것입니다. 말하자면 '무엇'만을 묻던 고전

시대에 없었던 '누가'가 과학이 물어준 '어떻게'로 시작된 근세에 버젓한 주체의 자리에 등극했지만 이 주체는 중심적인지라 역시 보편적이었고 따라서 죽지도 않으니 살아 있지도 않은 무색투명의 인간이었습니다. 그러나 그러한 무색투명의 주체와 복잡다단한 현실 사이의 엄청난 간극이 인간을 소외와 허무로 몰아갔다면 이에 대한 반응으로서의 불안이 인간을 철저하게 '언제/어디서'로 이루어진 '누가'라는 개체로 드러나게 했다고 하겠습니다. 다시 말하면, 신중심주의가 지배하던 고대·중세 시대에 없던 '누가'가 인간중심주의를 표방하는 근세에 와서 '주체'가 되고 탈중심주의를 선언하는 현대에 이르러 '개체'가 된 것이라는 말입니다.

조금 길어진 것처럼 보이기도 하지만 '누가'의 등장과 함께 근세적 주체에서 현대적 개체로의 전환까지 살피면서 우리는 이제 명실공이 '나'라고 하는 대답의 뜻을 헤아릴 수 있는 데까지 왔습니다. '누가 믿는가?'라는 물음에 대한 마땅한 대답으로서의 '나'는 과연 이러한 과정을 거친 유구한 씨름의 산물인 것입니다. 이제 '나'는 주체일 뿐 아니라 개체라는 뜻까지 아우르는 것임을 이 맥락에서 다시금 확인할 수 있습니다. 개체인 주체이기 때문에 보편적이고 중심적인 주체와는 사뭇 다를 수밖에 없고 달라야 합니다. 근대인들이 꿈꾸었던 보편적인 주체는 타자를 자기의 눈으로 볼 뿐 아니라 나아가 타자를 자기로 둔갑시키는 '거만한 주체'였다면, 우리 시대인 현대가 그려내려는 인간 자화상은 개체가 되어버린, 아니 이미 개체임을 새삼 깨닫게 된 '겸손한 주체'입니다. 근대 관념론자들이 세상을 자아와 비아로 나누고 절대정신의 분유체로서 인간을 그려내고자 했다면, 현대 실존철학자들이 인간의 삶이 '내던져지고' '운명 지워졌으며' '저주받았다'고 절규한 것은 다 이렇게 '겸손해져버린 주체'에 대한 그림들이라고 하겠습니다. 종교적인 분위기가 물씬 풍기는 어느 실존철학자가 말하는 '신 앞에 선 단독자'라는 것도 바로 이를 두고 하는 말입니다.

이런 맥락에서 "아브라함의 하느님, 이삭의 하느님, 야곱의 하느님"이라고 하는 표현을 새겨봄 직합니다. 이 맥락에서는 적어도 다음과 같은 두 가지의 대조적인 뜻을 지니는 것으로 새길 수 있기 때문입니다. 먼저는 조상으로부터 후손으로 이어지는 전통의 계승이 문화로 정착됨으로써 믿음이 삶으로 엮어져야 한다는 것을 가리키는 뜻이 있습니다. 종교에서 전통이란 그렇게 중요한 것입니다. 전통주의를 말하는 것이 아니라 종교를 문화로, 비일상을 일상으로, 믿음을 삶으로 엮어내야 한다는 뜻에서 그렇습니다. 그러나 이에 못지않게 중요한 또 다른 뜻이 있습니다. 그것은 그렇게 대를 잇는 전통의 흐름에서조차 하느님이 각각의 사람을 일일이 개체로, 고유하게 만나신다는 것입니다. 전통의 단위로, 종교적 집단으로가 아니라 하느님이 사람을 개체로 만나신다는 것입니다. 따라서 우리는 그렇게 개체적으로 고유하게 하느님을 만나고 그 앞에서 자기 개체의 실존적인 결단을 해야 하는 과제를 받고 있다고 하겠습니다.

이제 '누가 믿는가?'라는 물음에 대한 대답으로서의 '나'는 이런 뜻을 지닌 나입니다. '하느님을 믿고 싶은 대로 믿고 있는 나'라는 깨달음도 이와 같은 '겸손한 주체'로서의 주제파악을 통해서나 얻을 수 있는 것이고 '하느님 그대로의 하느님을 향해 무장해제해야 하는 나'도 역시 마찬가지입니다. 이렇게 해서 '누가 믿는가?'라는 물음은 '무엇을 믿는가?'라는 물음과 맞물려 있습니다. 그리고 이러한 맞물림을 통해 그 뜻이 더욱 풍성해지는 것도 물론입니다.

그런데 이런 관계는 여기서만 머무르지 않습니다. '믿는다는 것은 무엇인가?'라는 둘째 물음에 대한 대답에서 믿는 마음의 갈래들 중 한쪽으로 쏠리면서 그것을 붙들고 가장 중요하게 여기는 교만, 착각, 독선과 같은 '독단'도 '누가'를 이루고 있습니다. 아울러 이에 대한 마땅한 대답으로 전인적 '삶'도 역시 '누가'가 꾸려야 할 얼과 꼴입니다. '누가'는 삶을 사는 사람이기 때문입니다. 삶과 믿음을 한데 엮어야 하기 때문입니다. 아니면 믿음도 아니지만 '누가'도 없습니다. 같은 맥락에서 '왜 믿는가?'라는 물음에서 믿음과 구원을 떼려야 뗄 수 없는 관계로 붙들고 늘어지는 것도 '누가'입니다. 물론 마땅한 대답으로 새겼던 '무조건적인 믿음'과 깊이 연관되어 있으면서 결국 대조적인 '맹목적인 믿음'도 역시 '누가'의 적나라한 모습을 드러내줍니다. 아울러 '무조건적인 믿음'이라는 과제를 '언제/어디서'라는 근본적인 조건으로 얽혀 있는 삶에서 씨름해야 하는 것도 '누가'입니다.

그러나 무엇보다도 '어떻게 믿어야 하는가?'라는 물음에 대한 예수의 대답에서 '누가'가 가장 적나라하게 드러난다고 하겠습니다. "자기를 버리고, 날마다 자기 십자가를 지고"라는 말씀에서 반복해서 나오는 '자기'에 주목해보십시오. '자기'란 무엇입니까? '자기'란 누구인가요? 물론 앞에서 말했던 '나'를 가리킵니다. 똑같지는 않아도 한데 묶어 새길 수 있겠습니다. 물론 '나'라고 할 때에도 이미 '너' 또는 '그'를 떠올리게 되듯이 '자기'라는 표현도 '타자'와 쌍을 이룹니다. 그런데 '자기'는 '타자'와 대상적이거나 상대적인 관계에 있습니다. 그러나 대상과 상대는 선택의 문제가 아닙니다. 한글에서는 그저 서로 음절의 위치만 바꾸었지만 한자로 새기면 엄청나게 대조적인 차이를 살필 수 있습니다. 먼저 대상(對象)이란 '마주하여 잡아낸 모양'인데 마주하여 잡아내는 것도 주체가 하는 일이고 그 모양도 주체 안에 들어 있습니다. 우리가 무엇을 본다고 할 때, 시각행위가 잡아내서 맺힌 상은 우리의 망막 안에 자리 잡습니다. 그렇지 않으면 우리는 어떤 것이 있어도 볼 수 없습니다. 결국 대상은 주체의 손아귀에 들어와 있습니다. 그러나 상대(相對)는 '서로 마주함'을 가리킵니다. 서로 다른 주체들이 만나서 마주하는 것입니다. 한 주체의 일방적인 손아귀에 들어갈 수도 없고 그래서도 안 되는 것입니다. 어떻게 나올지 모르는 긴장을 서로 껴안은, 불안하기도 하고 불편하기도 한

다른 주체들 사이의 만남입니다. 이래서 사실 진정한 상대는 잘 이루어지지 않습니다. 이러다보니 자기는 자동적으로, 본능적으로 그리고 욕망이 시키는 대로 자기를 둘러싼 모든 것들을 대상으로 보는 주체의 방식에 지배됩니다. 자기란 대체로 이런 모습의 주체입니다. 둘러싼 모든 것을 주체인 자기를 중심으로 대상화합니다. 타자를 타자로 두지 않고 자기화한다는 말입니다. 그러지 않고서는 견딜 수 없습니다. 이게 우리네의 사는 모습이고 믿는 모습입니다. 다른 사람은 몰라도 나만은 아니라고 빠져나갈 수 있는 게 아닙니다. 예수가 그렇게도 준엄하게 '자기'에 대해서 말씀하시는 것도 이런 까닭이 아닐까 싶습니다.

예를 들어보겠습니다. 세상에서 살아가는 사람들에 대해 온갖 범주와 차원, 종류를 기준으로 하는 분류가 있습니다. 정치적으로 지배자와 피지배자, 경제적으로 가진 자와 못 가진 자, 사회적으로 계층의 구별 등등 무수한 분류들이 있습니다. 그러나 이 모든 분류들에 앞서 가장 먼저 자리 잡고 있는 분류가 있습니다. 그것은 바로 '자기와 타자'라는 분류입니다. 온갖 분류들이라는 것이 그저 하고 마는 게 아니라 무엇인가 마땅한 주장을 위한 것이라고 할 때, 그 주장의 뿌리에는 '자기'가 어느 부류에 속해 있는가 하는 것이 결정적인 근거입니다. '가진 자'와 자기를 동일시하면 세상을 그러한 관점으로 보고 살아갑니다. '못 가진 자'와 동일시해도 마찬가지입니다. 결국 자기가 어디에 속해 있는가, 자기를 어느 부류와 동일시하는가에 따라 살아가는 이치와 표방하는 진리는 각양각색입니다. 아니 아예 세계관이 다릅니다. 이 '자기'가 바로 '누가'에 해당하는 우리 자신을 가리키는 것은 물론입니다. 그러니 결국 '자기와 타자'는 모든 분류의 전제일 뿐 아니라 또한 결론이기도 합니다. 이처럼 '자기'라는 것이 우리 삶에서 결정적인 기준이고 근거입니다. 그런데 믿음이라고 예외가 아니니 과연 믿음에서도 '자기'가 핵심이고 관건입니다. 예수도 바로 이것을 보셨습니다. 그러기에 그렇게 말씀하신 것입니다.

그렇다면 과연 그런 '자기'는 '누가 믿는가?'라는 물음에 대해 어떤 뜻을 지니는가요? 이를 답하기 위해서 '자기와 타자'의 관계를 좀 더 들여다봅시다. 앞서도 잠시 읊었듯이 '자기와 타자'의 관계는 '같음과 다름'의 대립이고 결국 '옳음과 그름'이라는 판단의 기준입니다. '자기'와 같으면 '옳음'이고 '자기'와 다르면 '그름' 또는 '틀림'입니다. 타자는 그냥 다르고 마는 것이 아니라 반드시 틀림이라는 것입니다. '자기'는 이처럼 매우 자기중심적입니다. '다르다'는 말과 '틀리다'는 말을 같은 뜻으로 무의식적으로 뒤바꾸어 쓰고 있는 일상용법도 이러한 자기중심적인 사고방식을 반영하는 증거라 하겠습니다. 그래서 '자기'가 관건입니다. 앞 절에서 말했던 자기비움이라는 것이 그래서 만만한 일이 아닙니다. 수양 좀 한다고, 도 좀 닦는다고 쉬이 될 것 같지는 않습니다. 물론 은총을 값싸게 끌어들인다고 해서 될 일도 아니지요.

또 다른 사례를 들어볼까요? 우리 삶에서 아주 중요한 사랑이라는 것을 살펴보면 이보다 더욱 극적으로 '자기중심성'이라는 것이 드러납니다. 이걸 살펴보면 '자기'라고 하는 것이 우리가 생각했던 것보다 훨씬 더, 아니 비교도 안 될 정도로, 깊게 우리 삶의 뿌리에 깔려 있다는 것을 소스라치게 발견하게 될 것입니다. 예를 들면, 부모가 자식을 사랑한다고 하는 경우, 그 부모들은 과연 누구를, 무엇을 사랑하는 걸까요? 부모에게 자식은 자기의 확장이고 분신입니다. 결국 부모에게 자식은 자기 자신입니다. 남의 자식을 자기 자식처럼 사랑하는 것은 성자라면 몰라도 범인으로서는 불가능합니다. 하려고 해서 되는 게 아닙니다. 의지나 노력으로 해서 되는 게 아닙니다. 세포가 그렇게 시키고 혈관이, 호르몬이 그렇게 시킵니다. 그러니 부모의 자식 사랑에서도 타자는 없습니다. 이걸 슬퍼할 필요는 없습니다. 겸손하게 인간의 한계를 받아들이면 됩니다. 그러면 그 다음 해야 할 일에 대해 생각할 수 있게 되지 않을까 싶습니다.

또 다른 사례로, 연인들의 경우를 봅시다. 이 경우는 타자의 만남이니 좀 다른 모습이 있지 않을까 기대하게 됩니다. 그런데 연인들이 서로 사랑한다고 하는 경우, 그들은 과연 누구를, 아니 무엇을 사랑하는가요? 선남선녀가 서로 만나 사랑을 하게 되었다고 합시다. 그 선남과 그 선녀는 어떻게 만나게 되었나요? 왜 하필이면, 다른 선남이 아니고 그 선남이며, 다른 선녀가 아니고 그 선녀일까요? 플라톤의 에로스 분석은 좋은 설명을 보여줍니다. 제우스 신이 남녀 간의 완전한 사랑을 질투하여 하트 모양을 일일이 쪼개버렸다고 합니다. 그 이후 찢어진 모든 반쪽은 온전한 하트를 다시 이루고자 나머지 반쪽을 찾아 온 세상을 헤매고 다닙니다. 그러다가 불이 반짝하게 되는 사건이 일어납니다. 그래서 만남이 이루어집니다. 이렇게 만나 온전한 하트를 다시 만들려고 합니다. 그럴 때 그 다른 반쪽은 어떻게 선택하고 선택되는가요? 물론 '나'라는 반쪽과 꼭 맞는 다른 반쪽은 이미 나라는 반쪽의 찢어진 모습을 기준으로 선택하고 선택됩니다. 무수한 타자들 중에 나에게 맞는 반쪽이라고 선택하는 기준은 나로부터 비롯된 것이라는 말입니다. 물론 모든 만남이 다 성공은 아닙니다. 콩깍지가 잘못 씌워진 경우도 종종 있으니까요. 그러나 하여튼 타자 속에서 자기를 발견함으로써 그 타자를 사랑하게 됩니다. 타자를 자기화시켜서 사랑합니다. 결국 자기를 사랑하는 것입니다. 아니라면 하필 그 선남에 그 선녀이어야 할, 죽고 못 살 이유가 있을까요? 이래서 타자들의 만남으로 시작하는 연인 사랑에서도 타자는 없습니다.

이처럼 우리가 하는 사랑에도 타자는 없습니다. 자기란 이토록 깊은 뿌리입니다. 그렇다면 우리가 할 일은 자기가 이렇다는 것을 먼저 절실하게 깨닫고 정직하게 인정하는 것입니다. '누가 믿는가?'라는 물음에 대한 대답으로서의 '나'가 이런 자기라는 것을 우선 인정해야 합니다. 앞서 '내가 믿고 싶은 대로 믿고 있는 하느님'에서 시작한다고 한 것도 이것을 가리 킵니다. '내가 믿고 싶은 대로'일 수밖에 없는 것은 타자 없는 자기 사랑이기 때문입니다. 이름은 '하느님'이지만 자기가 원하는 것, 자기가 바라는 것을 모아 그려낸 그림일 뿐입니다. 그러니 자기의 투영이고 투사이며 연장입니다. 자기라는 것이 이토록 뿌리 깊습니다. 아니 존재의 이유입니다. '누가 믿는가?'라는 물음에서 이것을 새삼스레 보자는 것입니다. '내가 믿고 싶은 대로 믿고 있는 하느님'만이 아니라 그런 나도 보아야 한다는 것입니다. "주는 그리스도시요 살아 계신 하느님의 아들입니다"라는 고백으로 칭찬받았던 베드로가 바로 그러한 그를 모른다고 부인하는 이야기는 우리 자신의 모습을 드러내 줍니다. 베드로의 경우를 보더라도 앞의 고백과 뒤의 부인이라는 정반대의 상황에서도 일관되게 꿰뚫고 흘러가는 것은 '자기'입니다. 자기에게 좋기 때문에 그렇게 고백한 것이고 자기에게 해가 될 것을 두려워해서 그렇게 부인한 것이겠지요. 그를 탓할 것도 없습니다. 그런 이야기가 성서에 여과 없이 기록되었다는 것이 우리에게 위로를 주기도 하지만 다른 한편, 우리를 돌아보게 해주는 뜻을 지닌 것으로도 새겨야 하리라 봅니다.

    이 대목에서 잠시 찬송가를 펼쳐볼까요? '예수의 십자가 처음 볼 때에 내 맘에 큰 고통 사라져'라는 찬송가가 있습니다. 참으로 황당하기 그지없습니다. 예수가 십자가에서 고통을 당하는데 어찌 내 마음이 편해질 수 있는지요? 이게 종교적 인간입니다. 예수야 십자가에서 고통을 당하더라도, 아니 오히려 그렇기 때문에, 내 마음의 고통이 사라진다니 수난과 고통은 예수의 몫이고 난 평안을 얻는 것입니다. 그래서 얻는 평안은 과연 무엇인가요? 이기주의요, 자기기만이 아니겠습니까? 이것만이 아닙니다. 또 다른 곳에 '남이야 어쩌든 나만은 주님의 용사되리'라는 찬송가도 있습니다. 자기가 열심히 하겠다는 각오를 나타내는 것이겠지요. 그러나 남들은 아랑곳없이 자기만 열심히 믿고 앞장서서 잘하겠다는 것처럼 들립니다. 혼자만 잘 믿고 혼자만 천당 가겠다는 것으로 들립니다. 의도하지는 않아도 결국 이런 인식을 스스로에게, 그리고 남들에게도 심어주게 될 것입니다. 이게 인간이고, 종교적 인간이며 자기입니다. 자기란 것이 이런 것이더라는 말입니다. 그러니 이제 더 이상 이러지 맙시다. "여기서 이러시면 안 됩니다!"

그렇다면, 자기가 타자를 타자로 만나는 것이 그토록 어렵다면 도대체 어떻게 해야 '누가 믿는가?'라는 물음에 합당한 대답을 끌어낼 수 있을까요? 그건 앞서 '대상'과 대조적으로 견주었던 '상대'에서 그 대답의 실마리를 풀어낼 수 있지 않을까 싶습니다. 서로 마주하는 것입니다. 말하자면 자기와 다른 타자와 더불어 서로 마주하는 자기로서의 누가를 향하는 것입니다. 타자를 '대상'으로 주무르던 거만한 주체로부터 '상대'로 만나는 겸손한 주체로서의 자기로 전환하는 '누가' 말입니다. 이것이 절묘하면서도 당연하게도 '무엇을 믿는가?'라는 물음의 출발인 '하느님을 믿고 싶은 대로 믿고 있는 나'로부터 시작하여 '하느님 그대로의 하느님을 향해 무장해제하고 자기를 비우는 나'로 나아가는 것과 일치하는 전환입니다. 말하자면, '우상 공장(fabrica idolorum)'에서 '신앙하는 인간(homo fidei)'으로의 전환입니다. 그리고 실제로 우리의 삶은 이러한 전환의 과정으로 엮어져가야 할 것입니다. 어느 순간에도 완성될 수는 없으되 그렇게 향해가는 삶 말입니다. 그러니 우리의 '누가'를 이루는 정체성도 당연히 그러한 과정으로 이루어져 있습니다. 자기정체성이라는 것이 어느 순간에도 동일할 것이라고 착각해서도 안 될뿐더러 그래야 한다는 강박에 더 이상 시달릴 이유도 없습니다.

사실 솔직히 보자면 자기와 타자는 더 이상 같음과 다름의 관계로 단순하게 대립하지 않습니다. 예를 들어볼까요? 한국 그리스도교인의 자기정체성에 대해 한번 살펴봅시다. 한국인이라는 것도 결코 '동일성'으로서의 '정체성'을 말할 수 없습니다. 20세기라는 세계적 격동의 시대를 거친 21세기의 한국인과 한 세기 전 19세기의 한국인은 애절할 정도로 다릅니다. 앞으로는 더욱 그렇게 될 것입니다. 또한 그리스도교인의 정체성에서도 한국 그리스도교인은 한국 전통 종교와 문화의 영향에서 벗어날 수 없습니다. 한국인의 경우 어느 종교를 갖든지 상관없이 무교(巫敎)와 유교의 영향을 압도적으로 받고 있다는 것이 한국 종교와 문화를 연구하는 사람들이 이구동성으로 하는 이야기입니다. 심층적으로 무교가 자리 잡고 있으며 의식적으로는 유교적 사고방식을 매우 강하게 지니고 있다는 것입니다. 물론 이도 계층적으로 다르고 세대적으로 다르며, 심지어 개인적으로도 서로 다를 터이지만 한국인의 공통적 문화와 정서에서 그러하다는 것입니다. 그러니 그리스도교인이라고 해도 한국 그리스도교인은 무교와 유교의 영향을 상당히 지닌 채로 그리스도교인의 정체성을 엮어가는 과정에 있습니다. 그야말로 혼종입니다. 무슨 종교다원주의를 말하는 것이 아니라 이미 한 사람 안에 이렇게 여러 종교적 정서들이 뒤섞여 있다는 것입니다. 하려 해서 한 것이 아니라 이미 그렇게 엮여 있고 뒤섞여 있는 것이 우리의 삶이고 우리 자신의 꼴이며 얼입니다. 믿음 역시 마찬가지입니다. 삶이 그렇고 믿음이 그렇습니다. 그러니 자기가 어떻게 타자의 다름과 확연하게 구별되는 같음으로만 이루어져 있다고 할 수 있겠습니까? 이미 우리의 자기는 같음과 다름의 혼재요 공존입니다. 이제는 이것을 정직하게 인정해야 합니다. 그래야만 오히려 자기가 속한 종교의 정체성을 올곧게 추구할 길을 도모할 수 있을 것이겠지요. 동일성으로서의 정체성이 허구로 드러난 우리 시대에 혼종성이나 구성적 상대성이 정체성을 이루는 모습이라는 시대정신의 통찰이 이제 종교적 정체성에 대해서도 여지없이 해당되기 때문입니다. 그럴 때에만 자기를 확인하려는 욕구를 충족시키기 위해서 자기가 믿고 싶은 대로 믿으면서 우상을 그려내는 '종교적 인간(homo religiosus)'으로부터 자기를 버리고 비움으로써 우상 파괴를 수행하는 '신앙하는 인간(homo fidei)'으로 전환하는 '누가'를 꿈꿀 수 있기 때문입니다. 그러니 이제 '누가 믿는가?'라는 물음에 대한 대답으로서의 '나'는 그렇게 서로 다른 개체로서의 주체이면서 그런 개체적 주체도 같음과 다름이 뒤섞인 자기로서의 '나'입니다. 따라서 나의 믿음만이 옳다고 주장할 그런 '나'가 홀로 있을 수 없으며 '믿음'도 옳음만으로 이루어져 있을 수 없습니다. 이게 문제가 아니라 이것을 솔직하게 시인하지 못하는 것이 문제입니다. 우리가 할 일은 이것을 인정하고 받아들이는 것입니다. 그렇게 되면 무엇을 어떻게 해야 할지가 나오게 되어 있습니다. "내가 다 이루었다는 것이 아니라 다만 앞을 향해 달려갈 뿐이라"는 바울의 고백이 그리는 '도상의 존재'라는 것도 이것을 가리킬 것입니다.

그렇다면 도대체 왜 '누가'가 이렇게 같음과 다름이 뒤섞인 '자기'일 수밖에 없을까요? 누가가 홀로 '있음'이 아니라 시간과 공간을 살아가는 '삶'이기 때문입니다. 그리고 그러한 삶이라는 것도 불가피하게도 죽음과 얽힌 삶이기 때문입니다.

시대의 흐름에 따른 '누가'의 등장과 자기-타자 관계

	고대/중세	근세	현대
기본 물음	무엇?	어떻게?	왜?
사람	×	누가? 주체	누가-언제/어디서? 주체이면서 개체
자기-타자 관계	자체	대상	상대
자기정체성	×	동일성	구성적 상대성/혼종성

따라서 '누가'라는 물음은 당연하게도 시간과 공간 즉 '언제'와 '어디서'와 한데 얽혀 있습니다. 그런데 시간과 공간은 떼려야 뗄 수 없는 관계이니만큼 함께 묶어서 물어야 합니다. "언제/어디서 믿는가?"

6

언제/어디서 믿는가?

예를 들어 성서를 읽는 것에 대해 한번 생각해봅시다. 우리가 성서를 읽을 때 언제나 같은 생각과 의지, 느낌으로 읽는가요? 물론 그렇지는 않습니다. 그때그때 다르다는 것이 우리의 경험입니다. 그렇다면 언제 가장 잘 또는 가장 제대로 읽는 걸까요? 막연하다면 좀 크게 연령대별로 비교해봅시다. 물론 주일학교를 다닌 사람은 어렸을 때부터 성서를 읽을 기회가 있었겠지만 일반적으로 성인이 된다는 20대부터 살펴봅시다. 그리고 굳이 세대 차이를 염두에 두고 한 30년씩 건너뛰어서 50대와 80대 그리고 인류 수명이 120세를 향해 가는 마당에 30년을 더하여 110세까지 놓고 비교해봅시다. 그렇다면 이

네 세대 중에서 언제가 가장 잘 읽는다고 할 수 있을까요? 언뜻 생각하기에는 신앙의 연륜을 떠올리면서 더 나이 들수록 더 잘 읽을 것이라고 생각할 수도 있습니다. 그러나 우리 삶의 경험을 돌이켜보면 결코 그렇지 않다는 것을 이내 발견하게 됩니다. 그렇다면 과연 언제가 가장 잘 또는 가장 제대로 읽을까요? 물음을 이렇게 계속 이어가면 우리는 결국 그런 식으로 연령대별로 비교하는 것이 적절하지 않다는 것을 발견하게 됩니다. 더 나아가 '가장 잘' 또는 '가장 제대로'라는 것이 아예 어불성설이라는 것을 깨닫게 됩니다. 왜 그렇습니까? 우리가 언제나 '지금' 가장 잘 읽는다고 생각할 것이기 때문입니다. 게다가 이 지금이 수시로 달라지니 '그때그때'가 되기 때문입니다. 왜 그렇습니까? 우리가 시간 안에 살고 있을 뿐 아니라 더 근본적으로는 시간을 살고 있기 때문입니다. 그래서 '그때그때'입니다. 이걸 어떻게 사느냐에 따라 진하고 소중한 '순간'일 수도 있고 스쳐가 버리는 '찰나'일 수도 있지만 하여튼 우리는 그렇게 시간을 살고 있습니다.

기왕 나왔으니 이 대목에서 성서에 대해 잠시 되돌아봅시다. 성서에 대해서 우리가 가지고 있는 가장 기본적인 이해는

'성경은 하느님의 말씀'이라는 것입니다. 물론 재론의 여지가 없습니다. 그러나 이 말은 과연 무슨 뜻입니까? '하느님의 말씀'이라는 표현에 대한 생각이 사람들마다 매우 다른 것 같습니다. 이를 자세히 논하는 것은 또 하나의 일입니다. 그러나 여기서 범위를 좀 더 좁혀서 성경무오성에 대해 잠시 살펴봅시다. 성경은 하느님의 말씀이고 하느님의 말씀은 언제나 옳으니 성경은 무오하다는 것입니다. 당연히 그렇습니다. 그런데 이것은 과연 무슨 뜻입니까? 성경에 기록되어 있는 모든 문장들이 그 자체로서 문자 그대로 틀림이 없다는 것을 가리킨다고 생각하기도 합니다. 그리고 이걸 잘 지키는 것이 독실한 믿음이라고 여기기도 합니다. 과연 그런가요? '성경은 하느님의 말씀'이라고 할 때 '하느님'과 '말씀' 그리고 '성경' 사이의 관계는 어떠합니까? 과연 이 셋은 모두 같고 하나[하느님=말씀=성경]인가요? 그렇다면 성경무오성은 그 자체로 설명과 전제도 필요 없이 옳습니다. 그러나 하느님과 하느님의 말씀이 같을 수 없을뿐더러 말씀과 성경도 같지 않습니다. 하느님이 말씀으로만 우리에게 나타나시나요? 하느님의 말씀이 성경 안에 다 담겨 있나요? 하느님이 성경을 떠나서는 어떤 말씀도, 어떤 행동도 하실 수 없는가요? 성서 형성의 배경과 과정에 대한 최소한의 상식만 있더라도 이런 어처구니없는 생각을 하지는 않을 것입니다. 물론 성서는 하느님의 말씀을 담고 있기도 하고 하느님이 성서를 통해서 우리에게 오늘도 새롭게 말씀하십니다. 그러나 하느님이 성서 안에 갇혀 있을 수는 없으며 하느님의 말씀이 성서로만 제한될 수도 없습니다[성서〈말씀〈하느님]. 역사를 주관하시는 하느님이 왜 옛날 어느 때, 어느 곳에서만 말씀하시고 그 이후부터는 멈추어야 하시는가요? 내가 엄연히 살고 있는 지금, 여기에서는 왜 아무것도 하시지 말아야 하고 오직 성경을 통해서만 하셔야 하나요? '오직 성서로만(sola scriptura)!'이라는 종교개혁 구호가 이런 천박한 뜻을 가리키는 것이 결코 아닐 것입니다. 그러니 하느님과 성서를 마구 동일시하는, 역사를 초역사화하는 오류를 오히려 문자주의적 성경주의가 저지르고 있다는 것을 똑바로 보아야 합니다. 성경무오설이 하느님의 말씀이 그대로 문자로 쓰였다는 것을 뜻한다면 이는 하느님을 성경 안에 가두는 신성모독이고 성경을 하느님보다 크게 격상시키는 성경우상주의일 뿐입니다. 그러나 하느님이 성서를 통해 지금 말씀하시는 사건과 행위로 우리와 관계하신다고 새긴다면 하느님의 말씀으로서의 성서는 당연하게도 오류가 있을 수가 없을 것입니다. 이런 뜻이라면 성서무오는 타당하고 마땅합니다. 말하자면 과거에 대한 문자 기록으로서가 아니라 지금 여기서 나를 만나주시는 사건으로 하느님은 성서를 이리저리 사용하시고 그 밖의 피조물들도 사용하시는 것으로 이해한다면 이런 맥락에서 성서의 무오를 말할 수는 있을 것입니다.

그렇다면 다시 시간 이야기로 되돌아가봅시다. 과연 어떻게 우리가 시간을 산다는 것입니까? 시간은 흘러갑니다. 그런데 우선 과거에서 시작하여 현재를 거쳐 미래로 흘러가는 시간의 흐름을 생각할 수 있습니다. 그런가 하면 이와는 정반대로, 미래로부터 현재를 거쳐 과거로 흘러들어가는 시간의 흐름도 있습니다. 이런 반대 방향의 흐름이 서로 만나는 시간이 바로 현재입니다. 그리고 그런 흐름이 겹치는 점이 바로 순간입니다. 그런데 우리는 순간들이 그저 단순하게 이어지는 흐름을 타고서만 살아갈 수도 있습니다. 시간 안에서 사는 삶입니다. 그러나 현재의 순간에서 과거와 미래가 꿈틀거리니 순간은 점이면서도 입체입니다. 그러니 '이미 지나가버린 미래'가 있는가 하면, '아직 끝나지 않은 과거'가 있습니다. 이것이 바로 시간을 산다는 좋은 증거입니다. 결국 우리 삶은 시간 안에서, 시간을 사는 것입니다. 그러니 시간이 삶을 이룬다고도 합니다. 당연한데 그것이 당연한 나머지 이를 잊어버립니다. 특히 종교에서는 영원을 사모하다가 시간을 잊어버립니다. 그래서 어느 순간, 한순간을 절대적인 기점으로 세우게 됩니다. 자기가 겪은 경험이 한순간의 것임에도 불구하고 믿음의 옳고 그름을 판별하는 기준으로 내세우려고 합니다. '그때그때'일 수밖에 없고 그렇다보니 이러려는 유혹이 생기는 것이 어쩔 수 없는 일이기도 합니다. 그러나 바로 그렇기 때문에 '언제 믿는가?'라는 물음이 소중한 뜻을 지닙니다. 시간을 산다는 것에 좀 더 차분하게 머물러 자기 주제를 파악할 필요가 있습니다. 우리 삶이 '언제'로 이루어져 있고 나아가 우리 자신이 '언제'로 이루어져 있기 때문입니다.

어찌 시간뿐이겠습니까? 공간도 마찬가지입니다. 시간에 대한 이야기처럼 공간 이야기를 위해서도 예를 들어보겠습니다. 독일에서 태어난 한 신학자가 미국으로 건너가 생의 후반 활동하다가 말년에 일본에서 선불교의 선승들을 만났습니다. 많은 대화들이 오간 뒤 그 신학자가 읊조린 이야기 중 한 대목입니다. "내가 그리스도교 신학자가 되고 당신이 불교의 선승이 된 것에는 많은 연유가 있겠지만, 어느 나라에 태어났는가가 결코 무관할 수 없을 것이다." 과연 그렇습니다. 그뿐입니까? 멀리 갈 것도 없이 우리나라와 이웃나라들을 비교해보아도 드러나는 일입니다. 그리스도교의 전래 역사로 보면 중국은 7세기경 경교로 시작되고 일본의 경우 15세기로까지 거슬러가는 비교적 짧지 않은 세월을 지닌 반면, 우리나라는 가톨릭교회가 이제 2세기를 넘기고 개신교는 1세기를 조금 넘겼을 뿐입니다. 그런데도 종교인구 분포를 보면 전체 인구 대비 그리스도교인의 비율이 중국은 6%, 일본은 1%인데 비해 우리나라는 25%라고 합니다. 짧은 역사에도 불구하고 신자 비율에서 역전이 일어난 이유에 대해서는 복잡다단한 요소들을 고려해야 할 것입니다. 그러나 우리가 아시아, 그중에서도 특히 동북아시아로 한정하더라도 중국이나 일본에서 태어났다고 가정해본다면, 그리스도교인이 되었을 확률은 6%나 1%로 뚝 떨어졌을 것입니다. 이 비율이 한두 해에 걸친 통계가 아니니 달리 이의를 달기도 어렵습니다. 우리나라에 태어나면 그리스도교인이 될 확률이 25%이지만, 중국에서 태어났다면 1/4로 줄고, 일본에서 태어났다면 1/25로 줄어들었을 것입니다. 이와 같은 통계자료를 비교한다면 이런 가정이 그저 나와는 아무런 상관없는 말장난이나 숫자놀음으로만 볼 수는 없을 것입니다. 아울러 한 사람의 종교적 정체성을 이루는 데 있어 역시 '언제'만으로는 불충분하고 '어디서'를 필수적으로 고려하지 않으면 안 된다는 일침에 대한 좋은 증거가 될 것입니다. 말하자면 손바닥으로 하늘을 가린다고 하늘이 없어지는 것이 아니니 만일 '언제'와 '어디서'를 무시한다면, 이는 우물 안 개구리일 뿐이라는 증거 이외에 아무것도 아닙니다.

그러나 세상은 개구리에게 보이는 것보다는 상상할 수 없을 정도로 넓고 큽니다. 그리고 나는 세상 어느 한구석에 있는 우물에서 태어나 이렇게 살고 있을 따름입니다. 그런데 내가 살고 있는 우물이 온 세상이라고 생각하면 개구리가 될 뿐입니다. 그러기에 우리가 할 일은 내가 살고 있는 우물이 우물이라는 당연한 것을 새삼스레 깨닫는 것입니다. 이게 '어디서 믿는가?'라는 물음의 뜻입니다. 이 물음의 뜻을 저버리면 자기가 보고 믿고 있는 것이 전부라고, 그것만이 오직 참된 것이라고 붙들고 늘어집니다. '묻지마 믿음'의 모습입니다. '언제'와 '어디서'는 바로 이것의 어리석음을 드러내고 일깨워주는 지혜의 물음입니다. 그저 부대상황이나 주변 환경을 살피는 데에 머무르는 것이 아닙니다.

물론 '언제'와 '어디서' 즉 시간과 공간은 떼려야 뗄 수 없이 얽혀 있습니다. 그리고 이렇게 한데 얽혀 '유한성'을 가리킵니다. 삼라만상이 철저하게 한계를 지니고 있다는 것이지요. 그러나 시간과 공간이 이렇게 한데 얽히게 된 것은 그리 오래된 일이 아닙니다. 그리스도교의 배경이 되는 서구 정신문화사에서 잠깐 살펴볼까요? 물론 고대에는 시간과 공간 중에서 공간이 먼저였습니다. 그도 그럴 것이 변화하는 세계의 불안을 극복하기 위해서 불변하는 동일성의 원칙을 확립하려는 형이상학이 지배하던 이 시대에 불변성을 확보해줄 것처럼 보이는 공간이 변화무쌍하게 만드는 시간보다 우선적인 근거가 되는 것은 마땅한 일이었겠지요. 그래서 이 시대에는 공간이 근거와 기준이 되고 시간은 공간의 이동과 변화를 위한 부속물로 위치하게 됩니다. 있음이 먼저 있고 그러한 있음의 움직임을 설명하기 위한 도구라는 것입니다. 말하자면 '시간은 공간의 이동'이라는 식입니다. 물론 뒤 이은 중세도 역시 마찬가지였습니다. 그러다가 과학이 열어준 근세로 넘어와서 이 둘 사이에 역전이 일어납니다. 이제 시간이 먼저가 됩니다. 그리고 공간은 그러한 시간이 흘러가는 터가 됩니다. 시간이 앎의 기본 틀이며 공간은 이게 겉으로 드러난 것이라는 식입니다. 그러다가 우리 시대인 현대로 와서는 둘 사이의 관계가 아주 막역해집니다. 굳이 원자 안에서 우주를 발견한 양자물리학의 통찰이나 저 유명한 상대성 원리와 같은 과학적 이설 또는 '존재와 무'나 '존재와 시간' 같은 철학적 표제들을 들먹이지 않더라도 시간과 공간의 관계는 이제 더 이상 앞뒤를 가릴 수가 없이 얽힙니다.

이렇게 시간과 공간은 한데 얽혀 '유한성'을 이룹니다. 이걸 그리스도교 창조신앙에서는 '피조성'이라고 고백합니다. 창세기가 전해주는바 "너는 흙에서 났으니 흙으로 돌아가리라"는 준엄한 선언이 바로 이것을 가리킵니다. 덧붙인다면, '빛과 어두움'으로 가르신 것은 시간 창조를, '물과 뭍'으로 가르신 것은 공간 창조를 가리킵니다. 이에 따르면, 우리는 빛과 어두움 사이[시간]에 살고 있고, 물과 뭍 사이[공간]를 오가며 살고 있습니다. 빛과 어두움 사이는 넉넉한 품이기는 하지만 동시에 그 품의 시작과 끝이기도 합니다. 물과 뭍 사이도 역시 드넓은 품이기도 하지만 동시에 그 품의 시작과 끝이기도 합니다. 한 마디로, "티끌만도 못한 주제에!" '까불지 마라!!'는 것입니다. 사실 그렇습니다. 그런데 까부는 무리들이 적지 않습니다. 교회 밖에도 상당히 많지만 교회 안에도 만만치 않게 숱합니다.

예를 들면, 예루살렘 성전에서만 예배를 드려야 하는 것이 아니라는 가르침에도 불구하고 종교의 이름으로 자기가 속해 있는 곳을 절대화하고 신성시하려고 합니다. 소위 이단이나 사이비들만 이런 짓을 하는 것은 아닙니다. 소위 정통이라고 하는 곳들도 별반 다르지 않습니다. 둘이나 셋이 모인 곳이면 함께 하겠다는 말씀에도 불구하고 구원의 때를 확실히 해야 한다면서 주위 사람들에게 압박하는 족속들도 있습니다. 그러나 '나'를 이루고 있는 무수한 '언제들'과 '어디서들'은 어느 순간 모처에서 일어났던 나의 경험을 다른 상황에 대한 기준으로 삼는 것을 결코 허락할 수 없다는 걸 끊임없이 일깨워줍니다. 그러니 나의 경험을 붙잡아 이를 기준으로 내세우려는 태도를 버려야 합니다. 이미 나의 경험들조차 무수하고 다양할뿐더러 심지어 서로 충돌하기 때문입니다. 아주 열심히 믿는 사람들이나 도저히 못 믿겠다는 사람들이나 그러기는 마찬가지입니다. '언제'와 '어디서'는 이제 종교와 신앙의 이름으로 벌어지는 이러한 착각이 그저 유한성을 망각함으로써 주제파악을 하지 못하는 경거망동 정도가 아니라 피조성을 부정하는 신성모독이라는 것을 고발해줍니다. 이 물음들은 이런 뜻을 지니고 있습니다.

그런데 '언제'의 터인 '빛과 어두움 사이'는 시간만을 가리키는 것이 아닙니다. 또한 '어디서'의 터인 '물과 뭍 사이'는 공간만을 가리키는 것이 아닙니다. 그것이 곧 삶의 터이고 죽음의 터일진대 시간과 공간은 결국 역사와 사회라는 보다 큰 차원으로 이 세계를 엮어냅니다. 그러니 당연하게도 '언제'와 '어디서'라는 물음들은 골방에서의 기도도 중요하지만 결국 하느님 나라 실현의 터로서의 사회와 역사라는 차원까지 이르러야 한다는 것을 일깨워주는 계기이기도 합니다. 앞서 '누가'가 '언제'와 '어디서' 때문에 개체가 되었다고 했지만, 그럼에도 불구하고, 아니 바로 그렇기 때문에, 관계를 향해야 할 뿐 아니라 오히려 관계로부터 비롯된 것임을 드러냅니다. 이것은 우리가 그저 서로 다른 개체이기만 한 것이 아니라 관계[relatio]로부터 비롯된 피관계체[relatum]이며 바로 그렇기 때문에 공동체를 이루어야 한다는 것을 가리킵니다. 바로 앞 절에서 말한 것과 같이 같음과 다름이 뒤섞여 자기를 이루고 타인을 이루어가는 삶의 현실에서 이것은 삶을 살아가기 위한 마땅한 길입니다. 그리고 믿음의 길 또한 이래야 할 것입니다. 아니라면 혼자만의 '노아의 방주' 안에 갇히게 될 것입니다. 하느님 나라를 이 땅에 이루어야 하는 전위대로서의 교회가 존재하는 이유도 여기에 있다고 하겠습니다. 울타리를 치고 방주 안에 들어온 사람들만 구원받는다는 이기적인 종교 공동체가 아니라 — 이런 공동체는 절대로 구원받을 리가 없습니다. 아니 만일 그들이 구원받는다면 그런 구원은 받지 않아도 됩니다 — 이 땅의 사회와 역사에서 하느님 나라를 이루어가는 삶과 믿음의 공동체 말입니다. 이렇게 본다면 나와 남이 함께 있지 못할 정도로 다르다고 그렇게 가를 이유도 없을뿐더러, 도대체 믿음과 행위의 관계도 왈가왈부할 이유가 없습니다.

그렇다면 이 땅에서 이루어져야 할 하느님 나라는 어떤 사회이며 어떤 역사이겠습니까? 누가복음서(1:51-53)가 전해주는 〈마리아의 노래〉가 핵심을 모아놓았습니다.

> 권세 있는 자들을 그 자리에서 내치시고
> 보잘 것 없는 이들을 높이셨으며
> 배고픈 사람은 좋은 것으로 배불리시고
> 부요한 사람은 빈손으로 돌려보내셨습니다.

하느님 나라는 눈먼 자에게 눈을 뜨게 해주고 눌린 자에게 해방을 선포합니다. 사실 교회가 아니라 하느님 나라가 관건입니다. 예수는 교회 설립에 관심을 기울이신 것이 아니라 하느님 나라가 이 땅에 올 것을 선포하셨습니다. 그런데 이를 준비한다는 교회가 하느님 나라를 대치하고 있습니다. 목적과 수단이 뒤집어졌습니다. 교회의 문제에 대한 이야기는 지면이 모자랍니다. 그러나 그 문제에서 나도 예외일 수 없습니다. 문제를 진단하고 처방하는 일 못지않게 중요한 것은 나도 그 문제의 소인이라는 것을 인정하는 일입니다. '하느님 나라'라고 하니 왠지 거창해야 할 것 같지만, '겨자씨 한 알'로 시작된다는 말씀은 나 자신 스스로를 돌아보게 만드는 예리한 통찰이 담겨 있기 때문입니다.

그런데 '언제'와 '어디서'는 서로 둘이서만 얽히고 마는 물음들이 아닙니다. 앞서 나왔던 '누가'와 한데 얽힙니다. '누가'가 '언제'와 '어디서'로 이루어져 있다고 누누이 말했으니 이미 새삼스러운 이야기는 아닙니다. 그러나 이것도 처음부터 그렇게 된 것은 아니었습니다. 고대·중세에는 '누가'가 아예 나타나지도 않았다고 했습니다. '무엇'으로 충분했으니까요. 그러다가 근세에 와서 '누가'가 등장하게 되었고 '누가'와 '무엇'을 잇는 '어떻게'가 주요한 물음이 되었지요. 그러나 이때에도 '누가'는 '언제'와 '어디서'가 없어야 하는 '누가'였습니다. 그래야만 '무엇'을 잘 대면하여 '어떻게'를 엮을 수 있었기 때문입니다. 그러나 '언제'와 '어디서'가 없는 '누가'가 허상이라는 것이 드러나면서 이들이 한데 얽혀 절규하게 되었습니다. 이것이 바로 우리 시대인 현대이니 '언제'와 '어디서'가 본격적으로 그 뜻을 지니게 된 것은 요즘 와서의 일입니다. 그렇다면 어떻게 그럴까요? '누가'가 개체라는 것을 드러내는 결정적인 근거가 '언제'와 '어디서'라는 것을 앞에서 말했습니다. '언제'와 '어디서'는 시간과 공간을 일컬으니 개체 인간의 시공간적인 유한성을 이루는 기본적인 요소들이기 때문입니다. 그런데 그러한 유한성은 한 순간, 지정된 장소에서만 고정되어 있는 것은 물론 아닙니다. '언제'와 '어디서'라는 것이 이미 끊임없이 변화하고 그럴 수밖에 없기 때문입니다. 그럼에도 불구하고 여전히 한계 안에서 벌어지는 일이요, 한계를 경계로 하여 일어나는 일입니다. 물론 한계의 결정적인 경계는 '죽음'일 것입니다. 한 마디로, '삶과 죽음의 얽힘'이 '누가'와 '언제/어디서'를 한데 얽히게 합니다. 그래서 '누가-언제/어디서'입니다. '언제'와 '어디서'에서 살 뿐 아니라 '언제'와 '어디서'로 엮어진 '누가'이고 그런 '누가'로서의 삶이고 죽음입니다.

이제 '언제/어디서'가 '누가'를 그렇게 이루고 있는 것이라면, 그래서 그런 한계 안에서 밖을 향하여 몸부림치도록 만든다면, 인간으로 하여금 그러한 한계로 인하여 주어지는 '유한'과 그 한계를 넘으려는 '초월'이라는 대조적인 성질을 함께 지니게 만든 근본 구조이기도 합니다. 그런데 유한과 초월은 반대말이지만, 유한을 새삼스레 느끼고 겪는 깨달음과 초월을 향하려는 몸짓은 하나입니다. 말하자면 유한성 의식과 초월 지향성은 동의어가 됩니다. 반대말이 인간의 삶에서 새겨지고 어우러짐으로써 같은 말이 됩니다. 바로 여기가 '종교적 인간'이 탄생하는 순간입니다. 종교를 갖든지 그렇지 않든지 상관없이 죽음으로 절정에 이르는 한계를 넘어서려는 몸부림을 하게 된다는 인간의 성정 말입니다. 이걸 '종교적 인간의 원초적 종교성'이라고 부릅니다. 이게 원래 그렇게 깔려 있었고 꿈틀거리고 있었습니다. 그런데 이것이 그렇게 깔려 꿈틀거리고 있었던 것을 아는 것과 모르는 것은 하늘과 땅의 차이입니다. 이것이 작동하는 줄 모르면 자신의 믿음을 아주 순수하고 고결한 것으로 착각하게 됩니다. 원초적 본능과 욕망에서 비롯된 몸부림을 순결한 믿음과 종교적 열정으로 간주하게 된다는 것이지요. 그러나 그러한 원초적 종교성이 인간의 근본 성정이었음을 새삼스럽지만 정직하게 시인한다면 자기의 종교적 열정이 종교적 인간의 본래 성향에서 비롯된 것이 아닌가에 대해 돌이켜볼 기회를 갖게 됩니다. 그렇게 돌이켜보지 않았더라면 결코 깨달을 수 없었을 본래적 성향 즉 본능과 욕망이 우리로 하여금 믿고 싶은 대로 믿으면서 우상을 만들어내게 하고 있지 않은가 되돌아 살피게 해준다는 말입니다. 결국 '누가-언제/어디서'는 그렇게 살펴낸 우상을 파괴해야 하는 까닭을 일깨워주는 물음입니다.

'언제'와 '어디서'의 뜻

시간과 공간	유한성	유한성 의식	종교성	'종교적 인간' 초월지향성
		피조성		우상 파괴
				역사와 사회 '하느님 나라'

우상 이야기가 나왔으니 이 대목에서 좀 덧붙여야겠습니다. '우상'이라는 표현이 정서적으로 불편하거나 또는 나와는 무관한 것이라고 생각하려는 분위기가 우리에게 강하게 있기 때문입니다. 그러나 잠시 생각해봅시다. 어떤 종교학자의 말을 빌리지 않더라도 사람은 누구든지 그 무엇을 우상이라고 생각하고 숭배하지는 않습니다. 종교적 인간이라는 것이 이미 본능적이고 그 이상으로 욕구 충족적이기 때문에 우상으로서의 우상을 숭배할 만큼 어리석지는 않습니다. 사이비 교단의 교주에게 온갖 재산과 가족까지 다 갖다 바치는 안타까운 사람들도 그 교주를 사이비라고 생각하고 그렇게 하지는 않는 것과 같은 이치입니다. 말하자면, '우상'이라는 말은 타인을 향한 언어이지 자신에게는 결코 적용하지 않는 말입니다. 이것이 '우상'이라는 말의 뜻이고 기능이며 동시에 함정입니다. 물론 그 함정은 자기입니다. '자기'와 '우상'은 공존할 수 없기 때문입니다. 그런데 바로 그 공존 불가에서 자기우상화가 일어납니다. 이게 '자기'이고 이게 '우상'이며 이게 '인간'입니다. 인간이라는 것이 그렇습니다. 그러니 우리 모두 까불지 맙시다. 티끌만도 못한 주제에!!!(창 3:19) '언제'와 '어디서'는 우리에게 이러한 깨달음을 일깨워주는 뜻이 있습니다.

    이 대목에서 한 마디 덧붙입니다. 성육신 사건에 대해서 말입니다. 하느님이 사람이 되신 성육신 사건을 교회는 그리스도라고 부릅니다. 그리스도는 그저 존재이기만 한 것이 아니라 사건이라는 것이지요. 물론 존재도 이미 사건이지만 말입니다. 하여튼 성육신은 하느님이 사람이 되신 사건입니다. 물론 그렇기 때문에 그 사람은 곧 하느님이기도 합니다. 여기서 '하느님이 사람이 되셨다는 것'과 '그 사람이 곧 하느님이라는 것'은 동전의 양면 같은 관계입니다. 같기도 하고 전혀 다르기도 하지요. 그런데 우리는 그 양면을 함께 살피지 않고 우리의 관심에 따라서 그분이 하느님이라는 데에만 집중합니다. 대속의 구원이라는 뜻만 생각하기 때문입니다. 사실 성육신은 하느님이 애써 굳이 사람이 되신 사건입니다. 그 까닭이 참으로 깊고 오묘할 터입니다. 하느님이 애써 살과 피를 가진 사람이 되시고 그것도 왕좌에 앉아 힘으로 세상을 평정하는 것이 아니라 결국 십자가에 달리기까지 사람의 삶을 살고 사람의 죽음을 죽으셨습니다. 하느님이 친히 우리의 '누가'와 '언제' 그리고 '어디서'를 알알이 그의 살과 피로 겪으신 사건입니다.

높고 높은 보좌에서도 시행할 수 있는 대속에 앞서 친히 사람의 죽음을 직접 겪으면서 우리의 삶에, 고통에 함께하시는 연대의 사랑을 이루시려는 뜻일 것입니다. 그런데 우리는 사람과 더불어 나누시려는 하느님의 연대에 대해서는 별로 헤아리지 않습니다. 오직 사람을 위한 그리스도의 희생적 대속에만 골몰합니다. 그러다보니 하느님이 사람이 되신 까닭에 대해 관심도 두지 않고 그 사람이 곧 하느님이라는 데에만 집중적으로 관심을 쏟습니다. 하늘 보좌를 비우고 애써 땅으로 오셨다는 성서의 고백에도 불구하고 우리는 그를 다시 하늘로 되돌려 보내려고 몸부림을 칩니다. 우리는 종교 안에서 우리의 '누가-언제/어디서'만 잊어버리는 것이 아니라 하느님이 애써 사람이 되신 까닭이 담고 있을 '누가-언제/어디서'의 뜻도 살피지 않습니다. 그러나 성육신은 '언제'와 '어디서'가 '누가'와 그렇게 얽히는 것임을 하느님의 편에서 보여주시는 사건입니다. 사람과 더불어 삶과 죽음을 나누는 사랑을 하시고자 말입니다.

어찌 성육신뿐이겠습니까? 십자가도 마찬가지입니다. 십자가를 우리는 어떻게 대하고 있습니까? 구원과 뗄 수 없는 관계로 보고 있지요. 그런데 솔직히 말해서, 우리는 대체로 망해가는 세상에서 믿는 우리만 달랑 하늘로 들고 올라가는 슈퍼맨의 구출과 같은 방식으로 구원을 생각합니다. 급기야 미국의 어떤 영화사에서 예수와 슈퍼맨을 견주는 영화를 만들고는 그 동네 목사들에게 설교 자료로 사용하도록 홍보까지 했다고 합니다. 세인들의 인식을 그대로 보여주는 씁쓸한 일화이지만 교회 안이라고 무엇이 그리 다르겠습니까? 그러나 하느님의 구원이 그러하다면 말씀 한 마디로 얼마든지 그렇게 하실 수 있었을 것입니다. 말씀으로 창조도 하셨는데 그런 구원이라면 간단하게 말씀으로 왜 못 하시겠습니까? 우리가 이런 구원을 바란다면, 이러한 구원을 위하여 하느님이 반드시 사람이 되셔야 할 필요는 없습니다. 또 그런 예수가 반드시 죽으셔야 할 이유도 없습니다. 그것도 하필이면 꼭 십자가여야 할 이유는 더더욱 없습니다. 사실 이런 길이 아니더라도 하느님은 무수한 방법으로 우리를 구원하실 수 있습니다. 성서는 그 좋은 증거입니다.

그러므로 하느님께서 애써 사람이 되시고 그렇게 사람이 되신 예수께서 굳이 십자가의 죽음을 죽으셨다는 것은 세상에서 벌어지는 고통과 죽음 중에서도 가장 비참하고도 가장 잔인하며 가장 억울한 고통과 죽음을 그의 살과 피로 친히 겪음으로써 세상의 바닥까지 내려가서 우리와 더불어 그의 사랑을 나누신다는 데에 근본적인 뜻이 있습니다. 꼭 죽으셔야 했어도 하필이면 십자가여야 할 이유도 바로 여기에 있습니다. 우리의 '누가-언제/어디서'를 그의 '누가-언제/어디서'로 더불어 나누시는 것입니다. 영이신 하느님께서 높고 높은 보좌 위에서 그의 전지전능으로 우리의 고통과 죽음을 그저 알고만 계시다가 우리가 죽으면 달랑 우리의 영혼만 받으시는 권세의 구원이 아니라!!!(이러려면 도무지 사람이 되거나 십자가에서 죽으셔야 할 까닭이 없습니다.) 사람이 되어서 살과 피로써 직접 몸소! 그리고 더불어! 우리의 고통과 죽음을 겪으시는 사랑의 구원 말입니다. 이것이 바로 하느님께서 '사람이 되신 까닭'이고 '십자가에 달리신 까닭'입니다. 임마누엘은 바로 이것을 가리킵니다. 성육신의 뜻이 십자가에서 이루어진 것입니다.

그러나 '언제'와 '어디서'는 '누가'와만 얽히는 것은 아닙니다. 당연하게도 사람의 믿음이라는 것이 이미 '언제'와 '어디서'에서 바로 그것으로 이루어지니 '묻지마 믿음'에 대한 물음 모두에 걸쳐 있을 터입니다. '무엇을 믿는가?'라는 물음에서 '내가 믿고 싶은 대로'에서 시작할 수밖에 없는 이유를 '언제'와 '어디서'에서 찾을 수 있습니다. 때와 곳이 나를 이루고 있고 나의 욕구를 엮고 있으니 당연합니다. '믿는다는 것은 무엇인가?'에서도 한쪽으로 쏠려 그렇게 볼 수밖에 없는 이유도 '언제'와 '어디서'가 설명해줍니다. 그런 때와 곳으로 얽히면서 생겼기 때문입니다. '왜 믿는가?'라는 물음에서 다루었던 것처럼 믿음과 구원의 관계를 조건의 틀 안에 집어넣고 주무를 수밖에 없었던 이유도 역시 '언제'와 '어디서'라는 시공간의 조건적인 한계와 연관시킬 수 있습니다. 그러나 무엇보다도 '언제'와 '어디서'의 뜻을 가장 직접적이고도 구체적으로 더듬을 수 있는 곳은 바로 '어떻게 믿어야 하는가?'라는 물음에서일 것입니다. 이 물음에 대한 대답으로서 추려낸 현실 초월과 현실 참여가 공히 깔고 있는 현실이 바로 '언제'와 '어디서'로 이루어진 것이기 때문입니다. 집착하지 않고 초월하면서도, 도피하지 않고 참여해야 하는 현실이 바로 나를 이루고 있는 '언제'와 '어디서'이기 때문입니다. 이렇게 본다면 '묻지마 믿음'을 묻기 위해 나오는 모든 물음이 서로 유기적으로 얽혀 있어 가히 입체적인 관계를 엮어내고 있음을 다시 확인하게 됩니다. 삶이 이미 그렇기 때문에 당연한 것이기도 하지만 바로 그렇기 때문에 삶과 부합해야 하는 믿음도 마땅히 그러해야 한다는 통찰입니다. 말하자면 모든 물음은 그렇게 얽혀서 그렇게 묻지 않았더라면 그러는 줄도 모르고 숭배했을 우상을 파괴할 것을 주문하고 이를 위해 자기를 비울 것을 가리키고 있습니다.

이제 이렇게 물음들을 모두 물었습니다. 충분하지는 않지만 최소한 물음을 통해 믿음에 대해 되돌아보고 앞으로 어떻게 나아가야 할 것인가를 생각하는 계기로 삼고자 합니다. 성찰 없는 확신이 강박이나 독단에 빠질 수밖에 없다면 참으로 믿음이 삶에서, 삶에 대해서 뜻을 지닐 수 있기 위해서는 이제 돌아보고 묻는 것을 미룰 수는 없습니다. 물음 뒤에 어떤 대답이 마땅할 것인지에 대해 우리가 두려워할 일은 아닙니다. 이걸 노심초사하여 주저하기도 하지만, 이건 그분이 하실 것입니다. 그리 믿고 묻는다면, 그 물음의 뜻을 그분이 이루어주시리라고 믿습니다. 그러나 "그리 아니하실지라도!" 우리는 물어야 합니다. 묻는 것은 우리의 몫이기 때문입니다. 아니 믿는다는 것이 따라가면서 묻는 것이 아닐까요?

나가면서

'묻지마 믿음'에 대한 물음의 뜻

  이제는 마무리하고 나가려고 합니다. 그런데 이곳에서는 제가 마무리하기보다 저와 함께 생각과 고민을 나누는 벗들의 이야기를 담고자 합니다. 저의 이야기를 계속 늘어놓기보다도 이를 듣고 읽으면서 떠올린 그들의 감상을 함께 나누려는 뜻입니다. 그리고 이 책에 들어 있는 삽화들은 프랑스에서 미술을 전공하고 현재 연세대학교 연합신학대학원에서 공부하고 있는 벗[김인경, Ecole Nationale des Beaux-arts de Lyon(리옹국립미술대학교) 대학원 DNSEP 과정 수료]이 그려준 것입니다. 도와준 모든 벗들에게 감사를 표합니다.

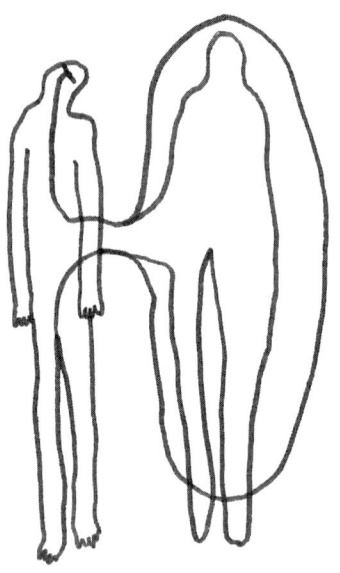

'묻지마 믿음'에 대한 물음을 듣고서

자기도취적 우상 숭배라는 맹목적 믿음에 대한 예의 귓전을 때리는 교수님의 일갈을 다시 한 번 들었습니다. 어떤 심한 중독에 걸린 이는 그 중독의 치명성을 알면서도 이미 절어버린 몸과 마음으로는 중독에서 헤어 나올 수 없고, 아니 오히려 헤어 나오려는 것을 거부합니다. 이 글은 그렇듯 '묻지마 믿음'으로 드러나는 병폐적 종교 현실에 대해서는 치밀한 분석과 예리한 비판을 가하고, 동시에 '믿음에 대해 물어야 하는 까닭'에 대해서는 물음을 통해 즉 믿음에 대한 비판적 자기성찰을 통해 종교의 존재 이유를 밝힘으로써 종교의 재활 내지는 궁극적으로는 참된 종교의 모습이 어떠해야 하는가를 고민하게 했습니다. 비록 개신교의 이야기가 많이 반영되어 있긴 하지만 어찌 보면 이 글은 다른 종교에 적용해도 그대로 들어맞는, 그래서 이름만 바꿔도 각 종교의 현실과도 그리 먼 얘기가 아니라는 생각이 듭니다. 그만큼 너나 할 것 없이 한국 종교의 현실은 그리 밝지 않다는 뜻이겠습니다. 그래서 한 종교가 다른 종교를 나무라는 것은 정말 뭐 묻은 개가 뭐 묻은 개 나무란다는 이야기이고, 더 심각한 것은 그 '뭐'가 뭔가의 문제라기보다도 똑같은 '개'라는 데에 더 심각성이 있다고 생각됩니다. 오늘날 '개독교'라는 오명을 뒤집어쓰고 있는 그리스도교의 실상에서 그만큼 비판과 저항에 부딪친 종교 현실을 바로 보아야 할 일입니다. "도대체 탈(脫)종교-반(反)종교-무(無)종교라는 일련의 현상은 왜 일어난 것일까요? 역설적일 것도 없이 당연하게도 그것은 종교 때문입니다. 종교가 인간에게, 사회에서 저질러온 짓거리에 대한 인간과 사회의 반응이기 때문"이라는 교수님의 지적처럼 먼저 현재 종교의 자리를 되살피는 것이 정말 필요하다고 생각합니다.

인간이 자신을 넘어서는 그 무엇을 구하는 본성으로 생겨 먹었거나 지어졌음은 재론의 여지가 없습니다. 그럼에도 불구하고 현재의 종교들은 유한성 안에서 인간의 욕망을 부추기고, 기어이는 초월지향성마저도 욕망의 극대화로, 다시 말해 인간 욕망의 영원한 실현으로 오도하고 있는 실정이라고 여겨집니다. '원초적 종교성'이라는 이름의 욕망이 종교 안에서 저지르는 자가당착적 범죄라고 생각합니다. 그래서 필요합니다. 회개가! 그것도 회개를 부르짖는 종교의, 종교인들의 회개가! 회개(悔改)란 뉘우치고 고친다는 말입니다. 그래서 교수님의 글도 뉘우침에서 시작하는 것 같습니다. 뉘우침이란 다른 말로 하면, 자기성찰이라 할 수 있습니다. 믿음에 대한 물음들의 고리는 믿음이라는 이름으로 또는 불경(不敬)에 대한 두려움으로 또는 인습적 자기정체성의 안정감 때문에 들추어보기 꺼려했던 우리가 지닌 믿음의 실태들을 낱낱이 밝혀주고, 미처 풀지 못한 생각의 갈래들까지 세밀하게 살피고 있습니다. 의사가 날카로운 메스로 환부를 도려내듯, 믿음이란 미명하에 곪아터진 종교의 독처(毒處)들을 말입니다. 면밀하게 이어지는 물음들을 통해서 우리는 여실한 자기 믿음의 행태를 발견하게 되고, 보다 정직하다면 우리가 믿고 있는 믿음이 종교의 부추김에 편승한 우리의 욕망을 믿고 있었음을 고백하게 합니다. 결국 종교와 우리는 욕망을 통해 서로를 부추기는 암묵적인 유착을 맺게 되었고, 그 속에서 우리는 인간 유한성에 대한 의식도, 초월에 대한 지향도 상실해버리게 된 것입니다. 그리고 이는 비단 특정 종교를 믿는 이들에게만 아니라, 오늘날 종교에 관심을 두지 않는 이들에게도 해당한다고 생각합니다. '이대로 살다가 죽겠다'는 무종교인들 역시 '초월지향성'을 상실시킨 퇴락한 종교성에 의해 빚어진 모습이기 때문입니다.

따라서 믿음에 대한 물음은 오늘날 종교인, 무종교인을 따로 두지 않는 인간 그 자체에 대한 물음이라 여겨집니다.

삶은 통사람의 전체적 행위라고 읽었습니다. 그러니 믿음과 행위를 분리시키는 것 역시 어불성설입니다. 믿음이 행위이고 행위가 믿음입니다. 이처럼 삶과 믿음이 하나라면 참으로 신앙함이 참으로 인간됨과 그 맥락을 같이하는 것으로 읽어야 할 줄로 깨닫게 됩니다. 그러니 일개 종교의 이름으로 인간을 종교인, 비종교인 등으로 차별하는 발상 자체가 탈-반-무종교 시대를 겪어가는 우리에게 더 이상 적절하지 않다는 것을 보게 됩니다. 이런 맥락에서 믿음을 되돌아보는 것은 우리가 잃어버렸던 초월의 지평을 다시 열어주는 계시적 사건이라 볼 수도 있을 것 같습니다. 하늘에서 뚝 떨어지는 것만이 아니라 우리의 눈이 열려서 보이게 되는 것도 계시라 생각합니다.

이제 남은 이야기는 '어떻게 믿어야 하는가'입니다. 자기비움과 자기 십자가에 대한 교수님의 지론에서 우리가 욕망에서 벗어나고, 욕망을 타자에 대한 책임으로 전환하는 길을 더듬을 수도 있을 것 같습니다. 다만 어떻게 전환할 것인가에 대해서는 우리가 더 고민해야 할 부분입니다. 끝없이 찾아나서야 하기에 열려 있는 대답이기 때문입니다. 이는 신앙이 행위라는 또 다른 증거이기도 합니다. 우리가 그냥 삶을 살듯이 그냥 신앙의 길을 갈 때라야 참 삶에, 참 신앙에 도달할 수 있다는 뜻으로 읽었습니다. 맹목적인 '묻지마 믿음'이 맹목성을 떨쳐버릴 수 있는 길은 말없이 신앙의 길을 따르는 '무조건적 믿음'입니다. 얼핏 보면 비슷해 보이는 이 '묻지마 믿음'과 '무조건적 믿음'이 이처럼 큰 차이를 지니고 있음을 다시 한 번 깨닫게 됩니다. 결국 '묻지마 믿음'에 대해서는 집요한 물음으로, '무조건적인 믿음'에 대해서는 말없는 따름으로 살아가는 것이 종교라는 이름 없이도 오늘 우리가 실천해야 할 참 인간됨의 과제임을 되새깁니다.

이대철(연세대 대학원 박사과정)

이제는 물어야 할 때!

세상을 살다보면 너무나 모르는 것이 많습니다. 뭔가를 몰라서 낭패를 보는 경우도 있고, 알긴 알아도 잘못 알아서 또 곤란을 겪기도 합니다. 남들은 잘 아는데 나만 모르면 왠지 창피하고, 대화에 낄 수도 없습니다. 그럴 때면 답답합니다. 그래서 잘 아는 사람에게 묻습니다. 몰라서 묻고, 물어서 알게 되면 참 좋습니다. 궁금하던 것이 풀리면 속이 다 시원합니다. 아는 듯 모르는 듯, 알쏭달쏭하던 것이 확실해지면 소경이 눈을 뜨듯 앞길이 탁 트이고 머리가 맑아집니다. 그래서 때로는 아는 것도 되묻고, 이미 알았으면 또 다른 것을 묻습니다. 그렇게 묻고, 되묻고, 새로 배우면서 우리는 살아갑니다.

그런데 오래도록 물음이 금지된 곳이 있었으니 그것이 바로 '믿음' 또는 '신앙'이라는 자리입니다. 믿음에 대해서 묻는 것은 곧 의심이요, 의심을 품으면 불신(不信)으로 이어진다고 여겼기 때문이지요. 그리하여 "보지 않고 믿는 자가 복되다" (요한 20:29)는 성서 말씀을 근거로 맹목적인 믿음이 참된 믿음인 줄 알았고, 사적 편견으로 가득 찬 독단, 교리에 대한 맹신(이해되지 않아 의미를 상실했음에도), 제도와 교회 권위에 대한 복종 등을 신앙으로 착각하며 살았습니다. '묻지마 믿음'으로 살다보니, 우리는 어느새 무엇을 믿는지, 믿음이 무엇인지, 누가 믿는지, 왜 믿는지, 어떤 상황에서 어느 때에 믿게 되는지, 어떻게 믿어야 하는지를 성찰할 기회조차 갖지 못했습니다. 그래서 하느님이 앉아 계셔야 할 보좌의 자리에 '맹목적 자기 확신'을 모시는 신성모독을 행하면서도 우리가 무엇을 하고 있는지 몰랐던 것입니다. 즉 내가 믿고 싶은 대로(信), 내 마음대로 하느님의 이미지(偶像)를 만들고 그것이 참 하느님인 양 주장하고 강조하고 강요했습니다. 예수님의 목소리가 들립니다. "아버지! 저 사람들을 용서하여 주십시오! 그들은 자기가 하는 일을 모르고 있습니다."(루가 23:34) 개신교인들이 그리스도교적 경건 실천을 수단으로 개인의 세속적 욕망을 실현하면서 하느님을 섬기는 것인 체했기에, 그것을 간파한 착한 사람들은 종교를 벗어나거나 종교에 반대했고, 약삭빠른 사람들은 종교를 이용해 먹고, 실망한 사람들은 종교 없이 사는 것이 차라리 낫다고 생각하게 되었습니다.

   왜 이렇게 되었나? 형제와 이웃, 심지어 죄인을 위해서 자신을 내어주는 예수 그리스도를 따라 살겠다는 그리스도교인들이 어쩌다 이 모양이 되었나 스스로 물어봅니다. 그것은 삶이 녹록치 않아서이기 때문인 것 같습니다. 물어 알고, 알면 좋지만 물어도 여전히 모르고, 또 계속 묻고 물어도 세상만사, 모든 문제를 다 알 수도 없고 해결할 수도 없기에 인생의 굽이굽이에서 맞닥트리는 고난과 어려움, 불안과 위협은 계속됩니다. 참살이, 참 생명을 추구하고 싶지만 목숨 부지하기도 힘든 세상을 만나면 공포와 불안에서 빨리 빠져나오고 싶기에 지푸라기라도 붙잡는 심정으로, 뭔가를 물을 새도 없이 그냥 믿었습니다. 그리고 가끔은 그 믿음이 어려움을 견디게 해주었고, 그러다보니 믿음 때문에 삶의 고난을 견딜 수 있었다고 또 믿게 된 것이겠지요. 그런데 문제는 '묻지마 믿음'이 늘 좋게만 작용하지 않는다는 것입니다.

아픈 아이 병원 데려갈 생각은 하지 않고, 기도하면 낫는다는 믿음은 가끔은 통할지 모르지만 끝내 더 많은 고통과 고난을 불러오고야 맙니다. 잘못 믿어, 제 한 몸 잘못되면 그거야 뭐 그리 문제인가, 다 제 잘못이지 하며 넘어갈 수 있겠지만, 역사를 돌이켜보면 '묻지마 믿음'은 결국 남과 소통할 수 없게 할 뿐만 아니라 남에게 큰 피해를 주었다는 명백한 사실을 알게 됩니다.

인간에게 자유와 해방을 약속한 종교가 도리어 억압과 폭력의 근원지가 되었다면 정말 이제는 물어야 할 때입니다. 보이는 것들에 현혹되고, 또 거기에 매몰되어 자본과 권력의 노예로 사는 인류를 보시며, '보이는 것보다 보이지 않는 것'의 소중함과 그리고 거기에서 싹트는 희망과 새로운 가능성을 내다보며 "보지 않고 믿는 것이 복되다" 하신 예수 말씀이 '묻지마 믿음'으로 오해되어 거만한 욕망의 주체를 만들었다면, 이제 믿음을 물음으로써 조심스레 하느님 옆에 서는 겸손한 주체로 거듭나야 하지 않을까 생각합니다.

물음은 절실합니다. 왜냐면 우리는 물어야 알 수 있고, 묻지 않으면 모르기 때문이며, 묻는 만큼만 알 수 있기 때문입니다. 더욱이 자꾸 물어야 자신이 뭘 모르는지를 알 수 있습니다. 묻지 않으면 무엇을 모르는지도 모르기 때문입니다. 삶은 묻게 만듭니다. 그래서 묻는 것을 막는 것은 곧 삶을 억압하는 것이 됩니다. 물론 묻는다고 모든 것이 해결되는 것은 아닙니다. 그러나 해결되지 않는다고 묻는 것을 포기해서도 아니 됩니다. 큰 물음 속에서 작은 물음이 해소되기도 하고, 깊어지는 물음 속에서 고난의 새로운 뜻이 발견되기도 하기 때문입니다. 새로운 뜻이 몸에 새겨지면 개인의 욕망의 성취를 위해 고통을 회피하던 내가 나와 이웃을 위해 고통을 감수하기도 하고, 때론 그 고통의 현장으로 몸소 나아가 악을 줄이는 일에 참여하게 되는 것입니다.

물어 알고, 아는 대로 살고, 또 살다가 모르면 아는 이에게 묻고, 서로 모르면 머리 맞대고 궁리하고, 그러면서 풀리지 않는 것들은 견뎌내기도 하고, 함께 견디면 또 서로 힘이 되기도 하고, 그렇게 살면 좋겠습니다. 믿음은 바로 이런 삶에서 비롯되기 때문입니다. 그래서 믿는 대로 살고 사는 대로 믿게 됩니다. 그런 자기 믿음에 대해 물어서 독단을 피할 수 있으면 조건 없이 주시는 하느님의 은총을 누릴 수 있을 것입니다.

갑자기 몇 년 전 돌아가신 우리 할머니 생각이 나네요. 평생을 샤머니즘적 신앙으로 사시다가 말년에 자기 딸의 간곡한 (?) 요청으로 교회에 가게 된 할머니. 여전히 샤머니즘적 신앙으로 야훼 하느님께 "우리 손자, 어디를 가든 좌로 가나 우로 가나 지켜주십사~" 두 손 모아 빌던 할머니, 그 할머니가 병으로 누워 외롭게 지내시면서 한 번은 저를 불러 이렇게 얘기하셨지요. "문덕아, 이리 온. 나랑 얘기 좀 하자. 사람은 자기 얘기도 하고, 남 얘기도 듣고 그렇게 살아야지."

믿음에 대해, 그리고 믿는 우리에 대해 조목조목 묻고 함께 얘기해보자고 초청하는 이 책을 통해 우리의 믿음이 숨겨둔 꿀단지처럼 고백의 언어 속에 매몰되어 있지 않고, 내 얘기도 하고 남 얘기도 듣는 소통의 세상에서 회자되어야 함을 성찰할 수 있었습니다. 이 책이 독실한 신자들의 세상살이에 참 믿음을 위한 깨달음의 계기가 될 뿐만 아니라 예수의 뒤에서 그를 따라가는 제자, 그리고 '하는 님'(하느님)의 아들/딸로 살려는 삶의 뜻을 되살려줄 것이라 믿으며 글을 마칠까 합니다.

한문덕(연세대 대학원 박사과정)

지은이 정재현

연세대학교 철학과, 문학사
미국 에모리대학교 신과대학원, MTS / 문리대학원 종교학부, Ph. D.
이화여자대학교 강사, 성공회대학교 교수 역임
연세대학교 연합신학대학원 교수 역임 / 종교철학-철학적 신학

저서
『통찰　죽음과 얽힌 삶, 그래서 사랑』,『믿음이 그대를 속일지라도　종교강박으로부터의 자유를 향한 해석학』,『앎이 그대를 속일지라도　자기 강박으로부터의 해방을 향한 해석학』,『인생의 마지막 질문』,『미워할 수 없는 신은 신이 아니다　틸리히의 역설적 통찰과 종교 비판』,『우상과 신앙　종교적 인간에 대한 철학적 성찰』,『티끌만도 못한 주제에』
『신학은 인간학이다』(한국학술진흥재단 지원 우수연구자 학술도서)
『자유가 너희를 진리하게 하리라』(문화관광부 선정 우수교양도서)
『망치로 신-학하기』(대한민국학술원 선정 우수학술도서) 등

공저
『언어철학연구』,『기독교의 즐거움』,『믿고 알고 알고 믿고』,『대화를 넘어 서로 배움으로』,『공공성의 윤리와 평화』 등

역서
디오게네스 알렌,『신학을 이해하기 위한 철학』
오웬 토마스,『요점조직신학』(공역)
닐 오메로드,『오늘의 신학과 신학자들』
마저리 수하키,『신성과 다양성』 등

연세신학문고 3
'묻지마 믿음' 그리고 물음

2014년 4월 24일 초판 1쇄 발행
2023년 5월 11일 초판 5쇄 발행

지은이 | 정재현
펴낸이 | 김영호
펴낸곳 | 도서출판 동연
등 록 | 제1-1383호(1992년 6월 12일)
주 소 | (우 121-826) 서울시 마포구 월드컵로 163-3
전 화 | (02) 335-2630 / 편집실 335-4110
팩 스 | (02) 335-2640
이메일 | yh4321@gmail.com

Copyright ⓒ 연세대 한국기독교문화연구소, 2014

이 책은 저작권법에 따라 보호받는 저작물이므로, 무단 전재와 복제를 금합니다.
잘못된 책은 바꾸어 드립니다. 책값은 뒤표지에 있습니다.

ISBN 978-89-6447-233-0 03200
ISBN 978-89-6447-230-9 03200(세트)